🔍 하이! 코리안

Hi! KOREAN
Workbook

2A

DARAKWON

일러두기

〈Hi! Korean Workbook 2〉은 Student's Book과 함께 수업 시간에 활용할 수 있는 교재로, '1단원~12단원'이 '문법 연습'과 '자기 평가'로 구성되어 있다. 문법 연습은 Student's Book에서 학습한 문법을 기계적인 교체 연습부터 확장 연습까지 단계적으로 복습할 수 있도록 하였고, 자기 평가는 단원에서 학습한 어휘와 문법에 대한 문제를 제시하여 이해의 정도를 확인할 수 있도록 하였다.

문법 연습 교체 연습, 문장 구성 연습, 대화 및 담화 구성 연습으로 구성된다.

목표 문법의 교체 연습과 문장을 구성하는 연습을 한다. 또한 제시된 그림이나 사진, 단어 등을 활용하여 대화 및 담화를 구성하는 연습을 한다.

자기 평가 다양한 형태의 문제를 통해 단원에서 학습한 어휘와 표현, 문법의 이해 정도를 점검한다.

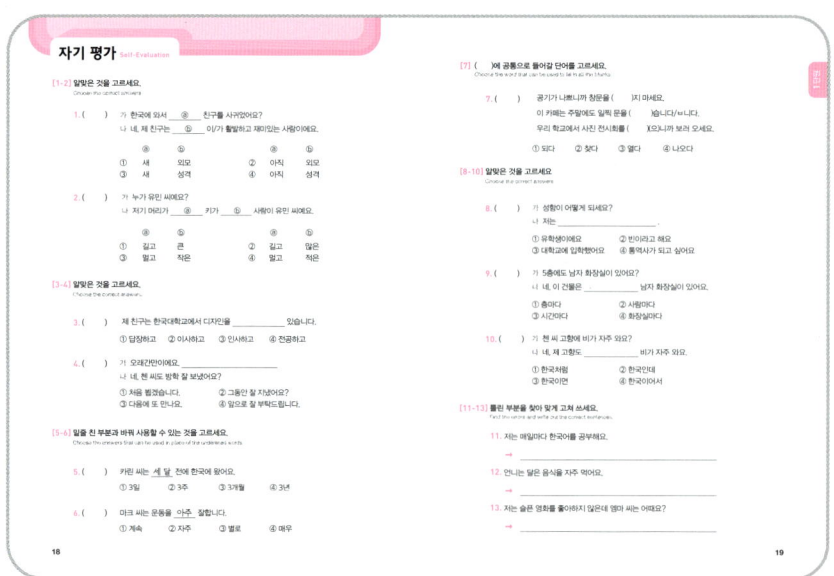

부록 정답: 소단원1, 2와 한 단계 오르기의 문법 문제에 대한 모범 답안을 제공한다.

How to Use This Book

"Hi! Korean Workbook 2" is a textbook that can be used in class with the Student's Book and is made up of the "Grammar Practice" and "Self-Evaluation" sections of chapters 1 through 12. "Grammar Practice" allows for a step-by-step review of the grammar learned in the Student's Book, from basic repeated replacement exercises to expanded exercises; "Self-Evaluation" presents questions about the vocabulary and grammar learned in a given chapter so that you can check your degree of comprehension.

Grammar Practice Consists of replacement exercises, sentence composition exercises, and conversation and discourse composition exercises.

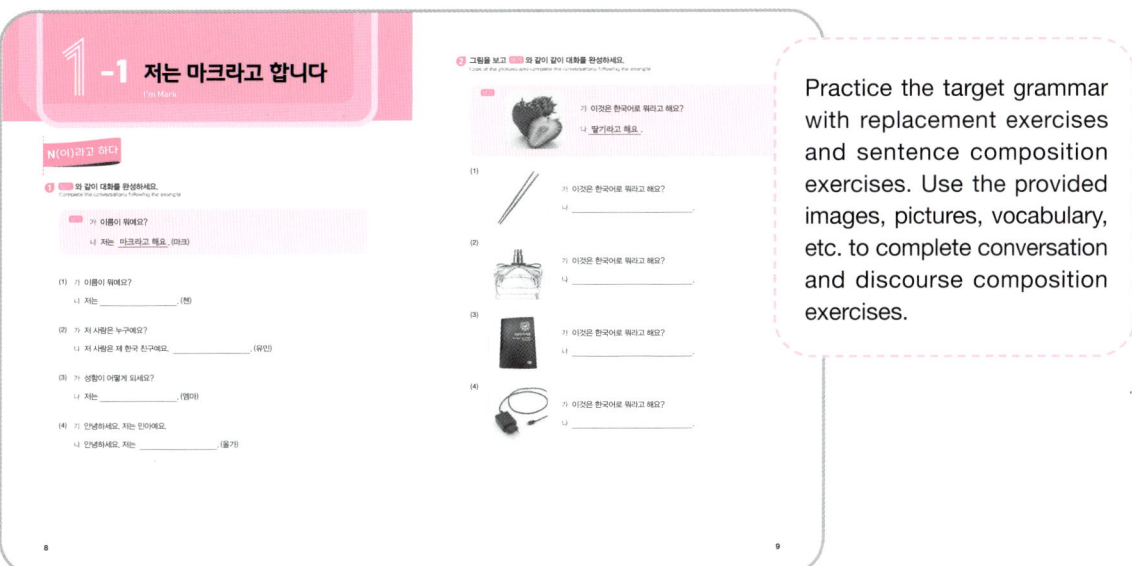

Practice the target grammar with replacement exercises and sentence composition exercises. Use the provided images, pictures, vocabulary, etc. to complete conversation and discourse composition exercises.

Self-Evaluation Test your degree of comprehension of the vocabulary, expressions, and grammar you learned in each chapter through various types of questions.

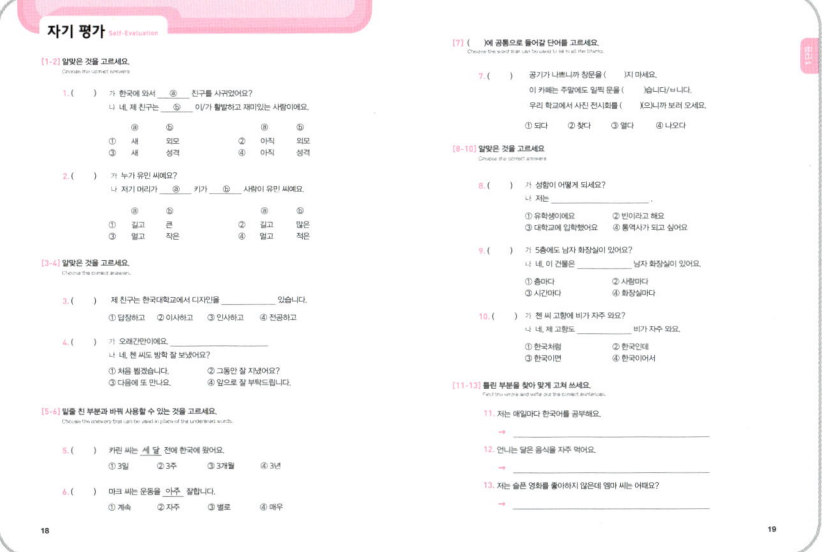

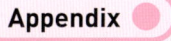 **Answers**: Provides the best answers to grammar questions in the "Sub-Chapter 1," "Sub-Chapter 2," and "Step Up!" sections.

목차

일러두기 How to Use This Book 2
목차 Contents 4

Chapter 01 — 첫날 The First Day
- 1-1 저는 마크라고 합니다 I'm Mark 8
- 1-2 이 사람은 제 룸메이트인데 한국 사람이에요
  This person is my roommate. They're from Korea 12
- 1-3 한 단계 오르기 Step Up! 16

Chapter 02 — 약속과 취미 Appointment and Hobbies
- 2-1 제가 지금 연락할게요 I'll contact you right now 22
- 2-2 저는 시간이 있을 때 친구를 만나거나 쇼핑을 해요
  When I have time, I meet a friend or go shopping 26
- 2-3 한 단계 오르기 Step Up! 30

Chapter 03 — 옷차림 Outfits
- 3-1 옷이 좀 커 보여요 Your clothes look a little big 36
- 3-2 이 치마를 까만색으로 교환해 주세요
  Please exchange this skirt for a black one 40
- 3-3 한 단계 오르기 Step Up! 44

Chapter 04	시설 이용 Utilizing Facilities	4-1	통장을 만들려면 뭐가 필요한가요? What do I need to make a bank account?	50
		4-2	미술관이 시청역 근처에 있다고 했어요 I heard that the art museum is near City Hall station	54
		4-3	한 단계 오르기 Step Up!	58
Chapter 05	한국 음식과 명절 Korean Food and Holidays	5-1	이 식당은 맛있을 거예요 This restaurant will be good	64
		5-2	저는 설날에 떡국을 맛있게 먹었어요 I enjoyed Tteokguk on Seollal	68
		5-3	한 단계 오르기 Step Up!	72
Chapter 06	학교생활 School Life	6-1	등록금을 사무실에 내도 돼요? Can I pay my tuition in the office?	78
		6-2	한국어 문법이 조금 어려워졌어요 Korean grammar has gotten a little difficult	82
		6-3	한 단계 오르기 Step Up!	86
부록 Appendix		정답 Answers		92

CHAPTER

01 첫날

1-1 저는 마크라고 합니다

문법 및 표현 N(이)라고 하다
'ㄹ' 탈락

1-2 이 사람은
제 룸메이트인데
한국 사람이에요

문법 및 표현 N마다
A-(으)ㄴ데 V-는데①

1-3 한 단계 오르기

문법 늘리기 A-(으)ㄴ데 V-는데②
N처럼

자기 평가

1-1 저는 마크라고 합니다
I'm Mark

N(이)라고 하다

1 보기 **와 같이 대화를 완성하세요.**
Complete the conversations following the example.

> 보기
> 가 이름이 뭐예요?
> 나 저는 <u>마크라고 해요</u>. (마크)

(1) 가 이름이 뭐예요?

　　나 저는 _____. (첸)

(2) 가 저 사람은 누구예요?

　　나 저 사람은 제 한국 친구예요. _____. (유민)

(3) 가 성함이 어떻게 되세요?

　　나 저는 _____. (엠마)

(4) 가 안녕하세요. 저는 민아예요.

　　나 안녕하세요. 저는 _____. (올가)

2 그림을 보고 보기 와 같이 같이 대화를 완성하세요.
Look at the pictures and complete the conversations following the example.

보기
가 이것은 한국어로 뭐라고 해요?
나 딸기라고 해요 .

(1)
가 이것은 한국어로 뭐라고 해요?
나 _____.

(2)
가 이것은 한국어로 뭐라고 해요?
나 _____.

(3)
가 이것은 한국어로 뭐라고 해요?
나 _____.

(4)
가 이것은 한국어로 뭐라고 해요?
나 _____.

'ㄹ' 탈락

1 쓰세요.
Write.

기본형 Base form	A/V-아/어요	A/V-습니다/ㅂ니다	A/V-(으)니까	A/V-(으)ㄹ 거예요
살다	살아요			
놀다				
열다				
만들다				
달다				
힘들다				

2 보기 와 같이 문장을 완성하세요.
Complete the sentences following the example.

> 보기 파티마는 엠마를 잘 <u>압니다</u>.

| 알다 | 달다 | 들다 | 살다 | 열다 | 만들다 |

(1) 이 케이크가 _____ 고 맛있어요.

(2) 창문을 _____ (으)ㄴ 후에 청소하세요.

(3) 가방이 무거우면 같이 _____ (으)ㅂ시다.

(4) 오늘 저녁에 고향 음식을 _____ (으)ㄹ 거예요.

(5) 우리 반에는 학교 근처에 _____ 는 학생이 많아요.

3 보기 와 같이 대화를 완성하세요.
Complete the conversations following the example.

> 보기
> 가 등산이 어땠어요?
> 나 조금 <u>힘들었지만</u> 재미있었어요. (힘들다)

(1) 가 이 노래를 _____(으)세요? (알다)

　　나 아니요, 저는 한국 노래를 잘 몰라요.

(2) 가 주말에 뭐 할 거예요?

　　나 친구와 강남에 가서 _____(으)려고 해요. (놀다)

(3) 가 서울 식당에서 점심을 먹을까요?

　　나 서울 식당은 월요일에 문을 안 _____(으)니까 다른 식당에 갑시다. (열다)

(4) 가 취미가 뭐예요?

　　나 저는 빵 _____는 것을 좋아해요. (만들다)

1-2 이 사람은 제 룸메이트인데 한국 사람이에요
This person is my roommate. They're from Korea

N마다

1 보기 와 같이 문장을 만드세요.
Make the sentences following the example.

보기
저녁
한강 / 배드민턴 / 치다
→ 저녁마다 한강에서 배드민턴을 쳐요.

(1) 10분
버스 / 오다
→ _____.

(2) 겨울
스키장 / 스키 / 타러 가다
→ _____.

(3) 달
부모님 / 돈 / 받다
→ _____.

(4) 해
제주도 / 가족 여행 / 가다
→ _____.

2 그림을 보고 보기 와 같이 대화를 완성하세요.
Look at the pictures and complete the conversations following the example.

보기

김포 ➡ 제주
07:00   8만 원
09:00   15만 원
11:00   12만 원

<u>시간마다</u> 비행기 표 값이 달라요.

(1)

_____ 얼굴이 달라요.

(2)

_____ 신을 수 있는 장소가 달라요.

(3)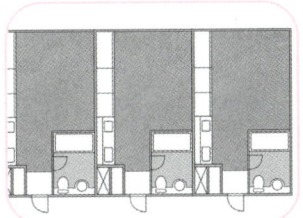

_____ 화장실이 있어요.

(4)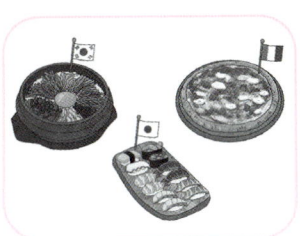

_____ 유명한 음식이 있어요.

A-(으)ㄴ데 V-는데 ①

1 쓰세요.
Write.

기본형 Base form	A-(으)ㄴ데	A-았/었는데
작다	작은데	
덥다		
맛있다		
크다		
크지 않다		

기본형 Base form	V-는데	V-았/었는데
먹다		
듣다		
만들다		
오다		
오지 않다		

기본형 Base form	N인데	N이었는데/였는데
동생이다		
친구이다		

2 그림을 보고 보기 와 같이 문장을 완성하세요.
Look at the pictures and complete the sentences following the example.

보기

이분은 <u>이지은 선생님인데 2급을 가르치세요</u>.

| 2급을 가르치다 | 일본에서 왔다 | 한국의 전통 옷이다 | 미술 전공이 유명하다 |

(1)
이 옷은 _____.

(2)  이 사람은 _____.

(3) 여기는 _____.

3 알맞은 것을 연결하고 보기 와 같이 쓰세요.
Connect the phrases that match then write sentences following the example.

연남동에 자주 가다	•	•	가방이 크고 가볍다
(1) 점심에 보통 김밥을 먹다	•	•	좀 불편하다
(2) 룸메이트와 같이 살다	•	•	영화가 길어서 힘들다
(3) 일주일 전에 인터넷으로 가방을 사다	•	•	비싸지 않고 맛있다
(4) 어제 영화를 보다	•	•	맛있는 식당이 많다

보기 연남동에 자주 가는데 맛있는 식당이 많아요.

(1) _____.

(2) _____.

(3) _____.

(4) _____.

1-3 한 단계 오르기
Step Up!

A-(으)ㄴ데 V-는데 ②

1 알맞은 것을 연결하고 [보기] 와 같이 쓰세요.
Connect the phrases that match then write sentences following the example.

밖에 비가 오다 • • 버스를 타고 갈까요?
(1) 교실이 좀 덥다 • • 에어컨을 켭시다.
(2) 여기에서 좀 멀다 • • 우산이 있어요?
(3) 어제 제가 케이크를 만들다 • • 거기에서 뭘 하면 좋아요?
(4) 방학에 제주도에 가려고 하다 • • 한번 드셔 보세요.

[보기] 밖에 비가 오는데 우산이 있어요?

(1) _____
(2) _____
(3) _____
(4) _____

2 [보기] 와 같이 대화를 완성하세요.
Complete the conversations following the example.

[보기] 가 오늘 저녁에 만날까요?
나 오늘 저녁은 <u>바쁜데</u> 내일 저녁에 만납시다. (바쁘다)

(1) 가 주말에 집에만 있어서 너무 심심해요.
나 이 박물관 입장료가 _____ 한번 가 보세요. (무료이다)

(2) 가 점심에 뭐 먹을까요?

　　나 따뜻한 음식이 ＿＿＿＿＿＿＿＿＿＿ 쌀국수를 먹으러 갈까요? (먹고 싶다)

(3) 가 스케이트를 탈 수 있어요?

　　나 저는 스케이트를 못 ＿＿＿＿＿＿＿＿＿＿ 첸 씨는 스케이트를 탈 수 있어요? (타다)

N처럼

1 보기 와 같이 문장을 만드세요.
Make sentences following the example.

> 보기　유민 / 모델 / 키가 크다　→　유민이 모델처럼 키가 커요.

(1) 이 음식 / 설탕 / 달다　→　＿＿＿＿＿＿＿＿＿＿＿＿＿＿＿＿.

(2) 날씨 / 겨울 / 춥다　→　＿＿＿＿＿＿＿＿＿＿＿＿＿＿＿＿.

(3) 형 / 배우 / 잘생기다　→　＿＿＿＿＿＿＿＿＿＿＿＿＿＿＿＿.

2 보기 와 같이 문장을 만드세요.
Create sentences following the example.

친구	저	음악을 좋아하다
제 고향	언니	조용하다
룸메이트	한국	덥다
교실	도서관	잘 도와주다

> 보기　친구는 저처럼 음악을 좋아해요.

(1) ＿＿＿＿＿＿＿＿＿＿＿＿＿＿＿＿＿＿＿＿＿＿＿.

(2) ＿＿＿＿＿＿＿＿＿＿＿＿＿＿＿＿＿＿＿＿＿＿＿.

(3) ＿＿＿＿＿＿＿＿＿＿＿＿＿＿＿＿＿＿＿＿＿＿＿.

자기 평가 Self-Evaluation

[1-2] 알맞은 것을 고르세요.
Choose the correct answers.

1. (   ) 가 한국에 와서 ___ⓐ___ 친구를 사귀었어요?
   나 네, 제 친구는 ___ⓑ___ 이/가 활발하고 재미있는 사람이에요.

	ⓐ	ⓑ		ⓐ	ⓑ
①	새	외모	②	아직	외모
③	새	성격	④	아직	성격

2. (   ) 가 누가 유민 씨예요?
   나 저기 머리가 ___ⓐ___ 키가 ___ⓑ___ 사람이 유민 씨예요.

	ⓐ	ⓑ		ⓐ	ⓑ
①	길고	큰	②	길고	많은
③	멀고	작은	④	멀고	적은

[3-4] 알맞은 것을 고르세요.
Choose the correct answers.

3. (   ) 제 친구는 한국대학교에서 디자인을 _____ 있습니다.

   ① 답장하고   ② 이사하고   ③ 인사하고   ④ 전공하고

4. (   ) 가 오래간만이에요. _____
   나 네, 첸 씨도 방학 잘 보냈어요?

   ① 처음 뵙겠습니다.   ② 그동안 잘 지냈어요?
   ③ 다음에 또 만나요.   ④ 앞으로 잘 부탁드립니다.

[5-6] 밑줄 친 부분과 바꿔 사용할 수 있는 것을 고르세요.
Choose the answers that can be used in place of the underlined words.

5. (   ) 카린은 <u>세 달</u> 전에 한국에 왔어요.

   ① 3일   ② 3주   ③ 3개월   ④ 3년

6. (   ) 마크는 운동을 <u>아주</u> 잘합니다.

   ① 계속   ② 자주   ③ 별로   ④ 매우

[7] ( )에 공통으로 들어갈 단어를 고르세요.
Choose the word that can be used to fill in all the blanks.

7. ( )   공기가 나쁘니까 창문을 (   )지 마세요.
         이 카페는 주말에도 일찍 문을 (   )습니다/ㅂ니다.
         우리 학교에서 사진 전시회를 (   )(으)니까 보러 오세요.

   ① 되다   ② 찾다   ③ 열다   ④ 나오다

[8-10] 알맞은 것을 고르세요
Choose the correct answers

8. ( )   가 성함이 어떻게 되세요?
         나 저는 _____.

   ① 유학생이에요   ② 빈이라고 해요
   ③ 대학교에 입학했어요   ④ 통역사가 되고 싶어요

9. ( )   가 5층에도 남자 화장실이 있어요?
         나 네, 이 건물은 _____ 남자 화장실이 있어요.

   ① 층마다   ② 사람마다
   ③ 시간마다 ④ 화장실마다

10. ( )   가 첸 씨 고향에 비가 자주 와요?
          나 네, 제 고향도 _____ 비가 자주 와요.

    ① 한국처럼   ② 한국인데
    ③ 한국이면   ④ 한국이어서

[11-13] 틀린 부분을 찾아 맞게 고쳐 쓰세요.
Find the errors and write out the correct sentences.

11. 저는 매일마다 한국어를 공부해요.

   → _____

12. 언니는 달은 음식을 자주 먹어요.

   → _____

13. 저는 슬픈 영화를 좋아하지 않은데 엠마 씨는 어때요?

   → _____

CHAPTER

02

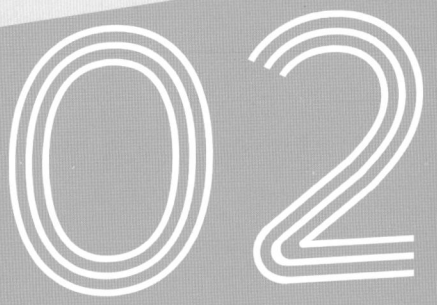
약속과 취미

2-1 제가 지금 연락할게요

문법 및 표현　A/V-기 때문에
　　　　　　　V-(으)ㄹ게요

2-2 저는 시간이 있을 때
친구를 만나거나
쇼핑을 해요

문법 및 표현　A/V-(으)ㄹ 때
　　　　　　　A/V-거나

2-3 한 단계 오르기

문법 늘리기　N 때문에
　　　　　　N 중에(서)

자기 평가

2-1 제가 지금 연락할게요
I'll contact you right now

A/V-기 때문에

1 알맞은 것을 연결하고 보기 와 같이 쓰세요.
Connect the phrases that match then write sentences following the example.

집이 가깝다	•	•	매일 늦게까지 공부하다
(1) 파티마는 친절하다	•	•	반 친구들이 좋아하다
(2) 다양한 물건을 팔다	•	•	마트에 자주 가다
(3) 다음 주에 시험이 있다	•	•	걸어서 학교에 가다
(4) 어제 바빠서 청소를 못 하다	•	•	방이 더럽다

보기 집이 가깝기 때문에 걸어서 학교에 갑니다.

(1) _____.

(2) _____.

(3) _____.

(4) _____.

2 보기와 같이 대화를 완성하세요.
Complete the conversations following the example.

> 보기
> 가 왜 모임에서 술을 안 마셨어요?
> 나 <u>술을 싫어하기 때문에 안 마셨어요</u>. (술을 싫어하다 / 안 마시다)

(1) 가 왜 약속 시간을 바꿨어요?
    나 _____. (다른 약속이 있다 / 바꾸다)

(2) 가 왜 카린을 홍익 카페에서 만났어요?
    나 _____. (분위기가 좋다 / 그 카페에서 만나다)

(3) 가 왜 어제 파티에 왜 안 왔어요?
    나 _____. (요즘 아르바이트하다 / 못 가다)

(4) 가 왜 첸에게 메시지를 안 보냈어요?
    나 _____. (연락처를 모르다 / 못 보내다)

3 보기와 같이 문장을 완성하세요.
Complete the sentences following the example.

> 보기 여기는 <u>학생 식당이기 때문에</u> 가격이 싸요.

| ~~학생 식당~~ 휴일 방학 17살 모르는 번호 |

(1) 요즘 _____ 도서관에 학생들이 별로 없어요.

(2) 제 동생은 _____ 술을 마실 수 없어요.

(3) 이 번호는 _____ 전화를 안 받아요.

(4) 어제는 _____ 회사에 안 갔어요.

4 보기와 같이 문장을 완성하세요.
Complete the sentences following the example.

~~연습할 수 있다~~   할인이 되다   집에서 가깝다   연휴가 시작되다   맛집이다

저는 영화 보는 것을 좋아합니다. 한국어를 보기 <u>연습할 수 있기 때문에</u> 자주 한국 영화를 봅니다. 그리고 박물관에 가서 구경하는 것도 좋아합니다. 학생증이 있으면 (1) _____ 꼭 학생증을 가지고 갑니다. 내일부터 3일 동안 (2) _____ 회사에 안 갑니다. 그래서 여자 친구와 만나서 영화를 볼 겁니다. 극장은 집 근처에 있습니다. (3) _____ 걸어서 갈 겁니다. 영화를 보고 서울식당에서 점심을 먹으려고 합니다. 그 식당은 (4) _____ 예약을 해야 합니다. 밥을 먹은 후에 여자 친구와 박물관에도 갈 겁니다.

V-(으)ㄹ게요

1 보기와 같이 대화를 완성하세요.
Complete the conversations following the example.

보기 가 내일은 학교에 일찍 오세요.
　　　나 네, <u>학교에 일찍 올게요</u>.

(1) 가 집에 도착하면 연락하세요.
　　나 네, _____.

(2) 가 말하기 시험 준비를 열심히 하세요.
　　나 네, _____.

(3) 가 공연장 안에서는 사진을 찍지 마세요.
　　나 네, _____.

(4) 가 여기에서 담배를 피우지 마세요.
　　나 네, _____.

2 보기 와 같이 대화를 완성하세요.
Complete the conversations following the example.

> 보기
> 가 제가 밥을 살게요.
> 나 <u>그럼 저는 커피를 살게요</u>. (커피를 사다)

(1) 가 제가 청소를 할게요.
    나 그럼 _____. (설거지를 하다)

(2) 가 제가 부산의 호텔을 검색해 볼게요.
    나 그럼 _____. (부산의 맛집을 찾아보다)

(3) 가 제가 생일 케이크를 살게요.
    나 그럼 _____. (생일 선물을 준비하다)

(4) 가 제가 김밥을 만들게요.
    나 그럼 _____. (떡볶이를 만들다)

2-2 저는 시간이 있을 때 친구를 만나거나 쇼핑을 해요
When I have time, I meet a friend or go shopping

A/V-(으)ㄹ 때

1 보기 와 같이 문장을 만드세요.
Make the sentences following the example.

> 보기 기분이 좋다 / 음악을 듣다 → 기분이 좋을 때 음악을 들어요.

(1) 피곤하다 / 낮잠을 자다 → _____.

(2) 시간이 있다 / 게임을 하다 → _____.

(3) 친구가 보고 싶다 / 메시지를 보내다 → _____.

(4) 배가 아프다 / 따뜻한 차를 마시다 → _____.

2 보기 와 같이 대화를 완성하세요.
Complete the conversations following the example.

> 보기
> 가 힘들 때 무엇을 해요?
> 나 저는 힘들 때 친구한테 연락해요. (친구한테 연락하다)

(1) 가 심심할 때 무엇을 해요?
　　나 _____. (SNS를 하다)

(2) 가 긴장될 때 무엇을 해요?
　　나 _____. (영상을 보다)

(3) 가 혼자 있을 때 무엇을 해요?

　　나 _____. (그림을 그리다)

(4) 가 기분이 나쁠 때 무엇을 해요?

　　나 _____. (맛있는 음식을 먹다)

3 보기 와 같이 대화를 완성하세요.
Complete the conversations following the example.

> 보기　가 언제 힘들었어요?
>
> 　　　나 <u>처음 한국에 왔을 때 힘들었어요</u>. (처음 한국에 오다)

(1) 가 언제 기분이 좋았어요?

　　나 _____. (장학금을 받다)

(2) 가 언제 재미있었어요?

　　나 _____. (친구와 여행을 가다)

(3) 가 언제 부모님이 보고 싶었어요?

　　나 _____. (감기에 걸리다)

(4) 가 언제 기분이 나빴어요?

　　나 _____. (친구가 약속을 안 지키다)

A/V-거나

1 알맞은 것을 연결하고 보기 와 같이 쓰세요.
Connect the phrases that match, then write sentences following the example.

집에 혼자 있다	같이 쇼핑을 하다	음악을 듣다
(1) 친구를 만나다	커피를 마시다	낮잠을 자다
(2) 카페에 가다	드라마를 보다	병원에 가다
(3) 감기에 걸리다	독서를 하다	같이 영화를 보다
(4) 시간이 있다	약을 먹다	녹차를 마시다

보기 집에 혼자 있으면 드라마를 보거나 음악을 들어요.

(1) _____.

(2) _____.

(3) _____.

(4) _____.

2 보기 와 같이 대화를 완성하세요.
Complete the conversations following the example.

보기 가 어떤 음식을 안 좋아해요?
　　　나 <u>맵거나 짠 음식을 안 좋아해요</u>. (맵다 / 짜다)

(1) 가 어떤 식당에 갈까요?
　　나 _____. (분위기가 좋다 / 음식이 맛있다)

(2) 가 무엇을 할 때 기분이 좋아요?
　　나 _____. (운동을 하다 / 음악을 듣다)

28

(3) 가 방학에 뭐 하고 싶어요?

나 _____. (해외여행을 하다 / 고향에 가다)

(4) 가 자기 전에 무엇을 할 거예요?

나 _____. (SNS에 사진을 올리다 / 독서를 하다)

3 보기 와 같이 대화를 완성하세요.
Complete the conversations following the example.

> 보기 가 쉬는 날에 무슨 운동을 해요?
>
> 나 저는 쉬는 날에 <u>축구나 농구를 해요</u>. (축구 / 농구)

(1) 가 학교에 무엇을 타고 와요?

나 학교에 올 때 _____. (지하철 / 버스)

(2) 가 방학에 어디로 여행을 가고 싶어요?

나 방학에 _____. (제주도 / 부산)

(3) 가 보통 언제 숙제를 해요?

나 보통 _____. (저녁 / 밤)

(4) 가 평소에 무슨 옷을 자주 입어요?

나 평소에 _____. (바지 / 원피스)

2-3 한 단계 오르기
Step Up!

N 때문에

1 보기 와 같이 대화를 완성하세요.
Complete the conversations following the example.

> 보기 가 왜 병원에 가요?
> 나 <u>감기 때문에 병원에 가요</u>. (감기)

(1) 가 요즘 왜 이렇게 늦게 와요?
    나 _____. (아르바이트)

(2) 가 왜 스트레스를 받아요?
    나 _____. (회사 일)

(3) 가 왜 화가 났어요?
    나 _____. (친구)

(4) 가 어제 왜 모임에 안 왔어요?
    나 _____. (시험 준비)

2 알맞은 것을 골라 문장을 완성하세요.
Choose the proper grammatical form and complete the sentences.

N 때문에	N이기 때문에

(1) 눈 _____ 버스가 늦게 왔어요.

(2) 다음 주부터 방학 _____ 학교에 안 가요.

(3) 제 어머니는 영어 선생님 _____ 영어를 잘해요.

30

(4) 팬클럽 활동 _____ 요즘 많이 바빠요.

(5) 오늘은 제 생일 _____ 기분이 좋아요.

N 중에(서)

1 보기 와 같이 문장을 만드세요.
Make the sentences following the example.

> 보기 운동 / 농구 / 잘하다 → 운동 중에서 농구를 제일 잘해요.

(1) 한국 음식 / 비빔밥 / 자주 먹다 → _____.

(2) 술 / 막걸리 / 좋아하다 → _____.

(3) 옷 / 원피스 / 많다 → _____.

(4) 가족 / 형 / 키가 크다 → _____.

2 보기 와 같이 대화를 완성하세요.
Complete the conversations following the example.

> 보기 가 무슨 운동을 자주 해요?
> 나 <u>운동 중에서 요가를 자주 해요</u>. (요가)

(1) 가 무슨 신발을 자주 신어요?
　　나 _____. (운동화)

(2) 가 무슨 커피를 자주 마셔요?
　　나 _____. (아메리카노)

(3) 가 무슨 과일을 자주 사요?
　　나 _____. (딸기)

(4) 가 무슨 영화를 자주 봐요?
　　나 _____. (코미디 영화)

자기 평가 Self-Evaluation

[1] 알맞은 것을 고르세요.
Choose the correct answers.

1. (   ) 가 10분 뒤에 영화가 시작하니까 ___ⓐ___ 을/를 ___ⓑ___ (으)로 바꾸세요.
   나 네, 알겠어요.

	ⓐ	ⓑ		ⓐ	ⓑ
①	메시지	답장	②	벨소리	무음
③	배터리	영상	④	전화번호	연락처

[2-3] 밑줄 친 부분과 바꿔 사용할 수 있는 것을 고르세요.
Choose the answers that can be used in place of the underlined words.

2. (   ) 오전에 도서관에서 책을 빌렸어요. 이번 주말에는 쉬면서 <u>책을 읽을 거예요</u>.
   ① 모을 거예요   ② 독서할 거예요   ③ 확인할 거예요   ④ 반납할 거예요

3. (   ) 맛있는 케이크를 먹고 싶어서 인터넷에서 <u>찾아봤어요</u>.
   ① 검색해 봤어요   ② 정리해 봤어요   ③ 부탁해 봤어요   ④ 취소해 봤어요

[4-5] 알맞은 것을 고르세요.
Choose the correct answers.

4. (   ) 지갑을 _____ 바로 찾아서 정말 다행이에요.
   ① 지켰는데   ② 생각했는데   ③ 사용했는데   ④ 잃어버렸는데

5. (   ) 제주도에 가서 사진과 영상을 많이 _____.
   ① 눌렀어요   ② 감상했어요   ③ 촬영했어요   ④ 관람했어요

[6-8] 알맞은 것을 골라서 쓰세요.
Choose and write out the correct answers.

거의	아까	잠깐	오랜만

6. 질문이 있는데 (   ) 시간이 있어요? 1분 정도 이야기할게요.

7. 약속 시간이 (　　　　) 다 됐으니까 빨리 갑시다.

8. 가 첸 씨, 정말 (　　　　) 이에요/예요. 잘 지냈어요?
   나 네, 잘 지냈어요. 우리 1년 전에 만나고 처음이지요?

[9] (　) 에 공통으로 들어갈 단어를 고르세요.
Choose the word that can be used to fill in all the blanks.

9. (　　)　냉면과 불고기를 모두 먹어서 정말 배가 (　　).
　　　　　근처에 지하철 역이 없어서 집에 올 때 택시를 (　　).
　　　　　선생님이 파티마 씨를 (　　) 파티마가 사무실에 갔다 왔어요.

　　① 생기다　② 미루다　③ 부르다　④ 정하다

[10-11] 알맞은 것을 고르세요.
Choose the correct answers.

10. (　　) 가 왜 지금 기분이 좋아요?
　　　　　나 주말에 _____ 기분이 좋아요.

　　① 팬클럽 모임에 가면　② 팬클럽 모임에 가기 전에
　　③ 팬클럽 모임이 있을 때　④ 팬클럽 모임이 있기 때문에

11. (　　) 가 여기에서 음식을 먹지 마세요.
　　　　　나 죄송합니다. 다른 곳에서 _____ .

　　① 먹을게요　② 먹고 싶어요
　　③ 먹어 봤어요　④ 먹지 마세요

[12-14] 틀린 부분을 찾아 맞게 고쳐 쓰세요.
Find the errors and write out the correct sentences.

12. 첸은 중국 사람 때문에 중국어를 잘해요.
　→ _____

13. 우리 반 중에서 마크가 키가 커요.
　→ _____

14. 저는 아침에 보통 빵이나 바나나를 먹고 학교에 와요.
　→ _____

CHAPTER 03

옷차림

3-1 옷이 좀 커 보여요

문법 및 표현   V-(으)ㄴ N
A-아/어 보이다

3-2 이 치마를 까만색으로 교환해 주세요

문법 및 표현   'ㅎ' 불규칙
V-아/어 주다

3-3 한 단계 오르기

문법 늘리기   V-(으)ㄹ N
V-아/어 주시겠어요?
V-아/어 드릴게요

자기 평가

3-1 옷이 좀 커 보여요
Your clothes look a little big

V-(으)ㄴ N

1 알맞은 것을 고르세요.
Choose the correct answers.

(1) 지금 (보는 / 본) 영화가 어떤 영화예요?

(2) 오늘 점심에도 어제 (만드는 / 만든) 불고기를 먹었어요.

(3) 어제 카린과 함께 댄스 연습을 (하는 / 한) 친구가 누구예요?

(4) 지금 작년에 여행을 가서 (찍는 / 찍은) 사진을 보고 있어요.

(5) 이것은 제가 자주 (하는 / 한) 귀걸이인데 작년 생일에 (받는 / 받은) 선물이에요.

2 보기 와 같이 문장을 쓰세요.
Write out the sentences following the example.

> 보기 어제 원피스를 샀어요. 내일 그 **원피스**를 입을 거예요.
> → 내일 어제 산 원피스를 입을 거예요.

(1) 어제 지갑을 잃어버렸어요. 지금 그 **지갑**을 찾고 있어요.

→ _____.

(2) 지난달에 콘서트를 봤어요. 오늘 또 그 **콘서트**를 보러 갔다 왔어요.

→ _____.

(3) 아까 김밥을 만들었어요. 이 **김밥**을 좀 드셔 보세요.

→ _____.

(4) 조금 전에 같이 노래를 들었어요. 그 **노래**가 뭐예요?

→ _____?

3 보기 와 같이 문장을 완성하세요.
Complete the sentences following the example.

〈주말 이야기〉

지난주 토요일에 반 친구들하고 같이 한강에 갔어요. 하지만 올가는 다른 약속이 있어서 함께 가지 못했어요. 빈이 캠핑 의자를 가지고 왔어요. 우리는 의자에 앉아서 치킨과 피자를 먹고 맥주도 마셨어요. 그리고 우리는 휴대폰으로 K-POP을 들으면서 같이 노래도 불렀어요. 카린은 노래를 부르면서 춤도 췄어요. 정말 재미있는 하루였어요.

보기 지난주 토요일에 친구들과 함께 _간_ 곳은 한강이에요.

(1) 다른 약속 때문에 한강에 _____ 사람은 올가예요.

(2) 캠핑 의자를 _____ 사람은 빈이에요.

(3) 한강에서 우리가 _____ 음식은 치킨과 피자예요.

(4) 우리가 _____ 노래는 K-POP이에요.

(5) 노래를 부르면서 춤을 _____ 사람은 카린이에요.

A-아/어 보이다

1 그림을 보고 보기 와 같이 문장을 완성하세요
Look at the pictures and complete the sentences following the example.

보기  삼계탕이 <u>맛있어 보여요</u>.

맛있다   많다   시원하다   좋다   따뜻하다

(1)  코트가 _____.

(2)  일이 _____.

(3)  물이 _____.

(4)  기분이 _____.

2 보기 와 같이 대화를 완성하세요.
Complete the conversations following the example.

> 보기
> 가 이 책이 <u>어려워 보여요</u>.
> 나 어렵지만 재미있으니까 읽어 보세요.

(1) 가 파티마 씨, 요즘도 일이 많아요? _____.

　　나 네, 어제도 늦게까지 일을 해서 너무 피곤해요.

(2) 가 저기 두 사람이 아주 _____.

　　나 맞아요. 두 사람은 고향 친구여서 친해요.

(3) 가 사진을 보면 집이 _____.

　　나 직접 보면 넓지 않아요.

(4) 가 이 구두가 _____.

　　나 네, 정말 편해요.

3-2 이 치마를 까만색으로 교환해 주세요
Please exchange this skirt for a black one

'ㅎ'불규칙

1 쓰세요.
Write.

기본형 Base form	A/V–습니다/ㅂ니다	A/V–아/어요	A–(으)ㄴ
까맣다	까맣습니다		
노랗다			
파랗다			
빨갛다			
하얗다			
그렇다			

2 보기 와 같이 대화를 완성하세요.
Complete the conversations following the example.

> 보기
> 가 이 바나나를 살까요?
> 나 저 바나나가 더 <u>노래요</u>. 저것을 삽시다. (노랗다)

(1) 가 오늘 하늘이 참 _____. (파랗다)

　　나 한국의 가을 날씨는 정말 좋네요.

(2) 가 왜 눈이 _____? (빨갛다)

　　나 어제 시험 준비 때문에 잠을 못 잤어요.

(3) 가 여름 휴가 갔다 왔어요? 팔이 아주 _____. (까맣다)

　　나 네, 바닷가에서 많이 놀았어요.

(4) 가 어제 밤에 눈이 내렸는데 봤어요?

　　나 _____? 저는 어제 일찍 자서 못 봤어요. (그렇다)

V-아/어 주다

1 보기 와 같이 대화를 완성하세요.
Complete the conversations following the example.

> 보기
> 가 여러분, 영화가 시작되면 휴대폰을 <u>꺼 주세요</u>. (끄다)
> 나 네, 알겠습니다.

(1) 가 엠마 씨, 조금 늦을 거예요. _____. (기다리다)

　　나 네, 괜찮아요. 천천히 오세요.

(2) 가 레나 씨, 방이 너무 더워요. 에어컨 좀 _____. (켜다)

　　나 네, 지금 켤게요.

(3) 가 서준 씨, 말이 너무 빨라서 잘 모르겠어요. 천천히 _____. (말하다)

　　나 미안해요. 천천히 다시 이야기할게요.

(4) 가 카린 씨, 날씨가 추우니까 창문을 _____. (닫다)

　　나 네, 알겠어요.

2 보기 와 같이 대화를 완성하세요.
Complete the conversations following the example.

> 보기
> 가 저는 한국에 아는 사람이 없어요.
> 나 그래요? 그러면 제가 한국 친구를 <u>소개해 줄게요</u>. (소개하다)

~~소개하다~~   쓰다   바꾸다   돕다   빌리다

(1) 가 제가 주소를 중국어로 써야 되는데 잘 모르겠어요.
　　나 걱정하지 마세요. 제가 중국어로 _____ .

(2) 가 내일 이사를 하는데 같이 사는 친구가 다리를 다쳤어요.
　　나 그러면 제가 이사를 _____ .

(3) 가 저는 이 의자가 좀 불편한데 빈 씨는 괜찮아요?
　　나 네, 괜찮아요. 그러면 제가 다른 의자로 _____ .

(4) 가 내일 회사 면접에 넥타이를 매고 가야 되는데 넥타이가 없어요.
　　나 네, 그래요? 그러면 제가 넥타이를 _____ .

3. 보기와 같이 문장을 완성하세요.
Complete the sentences following the example.

| 사다 | 만들다 | 부르다 | 이야기하다 | 선물하다 |

지난주 토요일에 부모님과 동생이 한국에 왔어요.

어머니께서 한국 음식을 드시고 싶어 하셔서 불고기를 [보기] 사 드렸어요. 점심을 먹은 후에 경복궁에 가서 한국의 문화를 중국어로 (1) _____. 그리고 백화점에 가서 아버지께 멋있는 구두를 (2) _____.

어제는 동생의 생일이어서 떡볶이를 (3) _____ 고 생일 노래를 (4) _____.

4. 알맞은 것을 고르세요.
Choose the correct answers.

(1) 빈 씨, 아프면 병원에 (가세요 / 가 주세요).

(2) 민아 씨, 시간이 있으면 저 좀 (도우세요 / 도와주세요).

(3) 여러분, 지금은 쉬는 시간이에요. (쉬세요 / 쉬어 주세요).

(4) 마크 씨, 볼펜이 없으면 친구한테 (빌리세요 / 빌려주세요).

(5) 카린 씨, 어제 배운 문법이 너무 어려운데 좀 (가르치세요 / 가르쳐 주세요).

3-3 한 단계 오르기
Step Up!

V-(으)ㄹ N

1 보기 와 같이 대화를 완성하세요.
Complete the conversations following the example.

> 보기 가 지금 어디에 가요?
> 나 마트에 가요. 집에 <u>먹을</u> 게 전혀 없어요.

| 먹다 | 반납하다 | 신다 | 드리다 |

(1) 가 명동에서 뭘 샀어요?
    나 방학 때 고향에 가서 부모님께 _____ 선물을 샀어요.

(2) 가 뭘 찾고 있어요?
    나 내일 _____ 양말을 찾고 있어요.

(3) 가 이 책이 파티마 씨의 책이에요?
    나 아니요, 도서관에 _____ 책이에요.

2 알맞은 것을 고르세요.
Choose the correct answers.

(1) 가 어제 뭐 했어요?
    나 백화점에 가서 크리스마스 파티 때 (입은 / 입을) 원피스를 샀어요.

(2) 가 교환하고 싶은데 어떻게 해야 돼요?
    나 여기 위에 (교환한 / 교환할) 물건을 놓아 주세요.

(3) 가 지금 뭐하고 있어요?
    나 친구가 (알려 준 / 알려 줄) 맛집을 인터넷으로 보고 있어요.

V-아/어 주시겠어요?, V-아/어 드릴게요

1 그림을 보고 보기 와 같이 대화를 완성하세요.
Look at the pictures and complete the conversations following the example.

보기
가 이 문법 좀 <u>가르쳐 주시겠어요</u>?
나 네, <u>가르쳐 드릴게요</u>.

(1) 가 이 책 좀 _____?
　　나 네, _____.

(2) 가 돈 좀 _____?
　　나 네, _____.

(3) 가 사진 좀 _____?
　　나 네, _____.

2 보기 와 같이 대화를 완성하세요.
Complete the conversations following the example.

보기
가 밖이 시끄러운데 문 좀 <u>닫아 주시겠어요</u>?
나 네, <u>닫아 드릴게요</u>.

| 닫다 | 추천하다 | 환불하다 | 누르다 | 취소하다 |

(1) 가 죄송한데요. 5층 좀 _____?
　　나 네, _____.

(2) 가 주문을 잘못 했는데, 주문을 _____?
　　나 네, _____.

(3) 가 사장님, 이 식당에서 제일 맛있는 메뉴를 하나 _____?
　　나 네, 제가 _____.

자기 평가 Self-Evaluation

[1-2] 알맞은 것을 고르세요.
Choose the correct answers.

1. (   ) 가 저기 ____ⓐ____ 을/를 끼고 모자를 ____ⓑ____ 사람이 누구예요?
          나 우리 반 선생님이에요.

	ⓐ	ⓑ		ⓐ	ⓑ
①	구두	맨	②	장갑	쓴
③	렌즈	한	④	코트	찬

2. (   ) 가 마크 씨, 더우면 코트를 ____ⓐ____ .
          나 괜찮아요. 그냥 ____ⓑ____ 있을게요.

	ⓐ	ⓑ		ⓐ	ⓑ
①	푸세요	신고	②	빼세요	차고
③	벗으세요	입고	④	메세요	끼고

[3-4] 밑줄 친 부분과 바꿔 사용할 수 있는 것을 고르세요.
Choose the answers that can be used in place of the underlined words.

3. (   ) 세일 기간에 <u>산</u> 상품은 교환하실 수 없습니다.
    ① 닦은   ② 알린   ③ 필요한   ④ 구입한

4. (   ) 환불을 <u>받고 싶은</u> 손님은 영수증을 꼭 가지고 오셔야 합니다.
    ① 원하는   ② 계산하는   ③ 추천하는   ④ 바꾸는

[5-7] 알맞은 것을 골라서 쓰세요.
Choose and write out the correct answers.

잘못	새로	유행	자리

5. 공연장에 세 시간 전에 도착했지만 좋은 (   ) 에 앉을 수 없었습니다.

6. 가 저기 좀 보세요. 카페에 사람이 많아요.
   나 지난 주말에 (   ) 문을 연 카페인데 분위기가 좋아요.

7. 가 여보세요. 마크 씨, 아까 저한테 전화했어요?
   나 미안해요. 제가 번호를 (   ) 눌렀어요.

[8] ( )에 공통으로 들어갈 단어를 고르세요.
Choose the word that can be used to fill in all the blanks.

8. ( )
> 우산이 없어서 비를 ( ) 집에 왔어요.
> 시험에서 쓴 답이 모두 ( ) 기분이 좋아요.
> 온라인 쇼핑몰에서 운동화를 샀는데 사이즈가 안 ( ).

① 맞다　② 오다　③ 틀리다　④ 어울리다

[9-11] 알맞은 것을 고르세요.
Choose the correct answers.

9. ( )
　가 저 옷이 어때요?
　나 _____.

① 내일 입을 옷이에요　② 마음에 드는데 비싸 보여요
③ 하얀색 원피스를 사러 갑시다　④ 원피스 중에서 제일 좋아해요

10. ( )
　가 사장님, 여기 남은 음식을 포장해 주시겠어요?
　나 네, _____.

① 포장해 보세요　② 포장할 수 없어요
③ 포장해 주셨어요　④ 포장해 드릴게요

11. ( )
　가 지금 뭐하고 있어요?
　나 어제 _____.

① 배울 문법을 공부하고 있어요　② 배운 문법이 어려워 보여요
③ 배운 문법을 복습하고 있어요　④ 문법을 배웠는데 가르쳐 주세요

[12-14] 틀린 부분을 찾아 맞게 고쳐 쓰세요.
Find the errors and write out the correct sentences.

12. 오늘이 제 생일이어서 친구가 저한테 스웨터를 샀어요.

　→ _____

13. 카린한테 노랑은 색이 잘 어울려요.

　→ _____

14. 여름에 입은 반바지를 사러 백화점에 갔다 왔어요.

　→ _____

CHAPTER

04 시설 이용

4-1 통장을 만들려면 뭐가 필요한가요?

문법 및 표현
V-(으)려면
A-(으)ㄴ가요?
V-나요?

4-2 미술관이 시청역 근처에 있다고 했어요

문법 및 표현
A-다고 하다
V-ㄴ/는다고 하다
A/V-았/었다고 하다
V-(으)ㄹ 거라고 하다
N(이)라고 하다

4-3 한 단계 오르기

문법 늘리기
V-(으)면 안 되다
A/V-네요

자기 평가

4-1 통장을 만들려면 뭐가 필요한가요?
What do I need to make a bank account?

V-(으)려면

1 보기 와 같이 문장을 완성하세요.
Complete the sentences following the example.

> 보기 이것을 <u>포장하려면</u> 상자에 넣으세요.

| ~~포장하다~~ | 보다 | 놀다 | 교환하다 | 읽다 |

(1) 티셔츠를 큰 사이즈로 _____ 영수증이 필요해요.

(2) 저녁에 친구와 _____ 지금 먼저 숙제를 해야 해요.

(3) 한국 신문을 _____ 어려운 단어를 많이 알아야 돼요.

(4) 이 영화는 요즘 인기가 많으니까 영화를 _____ 일찍 예매하세요.

2 보기 와 같이 대화를 완성하세요.
Complete the conversations following the example.

> 보기 가 한국 사람처럼 한국말을 하고 싶어요.
> 나 <u>한국 사람처럼 한국말을 하려면 한국 사람과 많이 이야기하세요</u>.
> (한국 사람과 많이 이야기하다)

(1) 가 요즘 날씨가 너무 추워서 두꺼운 옷을 사고 싶어요.
나 _____. (백화점에 가다)

(2) 가 중국 돈을 한국 돈으로 바꾸고 싶어요.

　　 나 _____. (은행에 가다)

(3) 가 매일 늦게 잠을 자요. 피곤해서 수업을 잘 들을 수 없어요.

　　 나 _____. (일찍 잠을 자다)

(4) 가 어제 제가 밖에 있어서 택배를 못 받았어요.

　　 나 _____. (우체국에 전화해서 물어보다)

3 보기 와 같이 알맞은 단어를 골라 문장을 완성하세요.
Choose the correct words or phrases and complete the sentences following the example.

> 보기　　① 열심히 공부하다　② 새 가방을 사다
>
> 　　　장학금을 받으려면 <u>열심히 공부해야 해요</u>. (①)
>
> 　　　장학금을 받으면 <u>새 가방을 살 거예요</u>. (②)

(1) ① 아르바이트를 하다　② 여행을 가다

　　돈을 모으려면 _____. (　)

　　돈을 모으면 _____. (　)

(2) ① 한국 친구를 사귀다　② 시험을 잘 보다

　　내년에 대학교에 입학하려면 _____. (　)

　　내년에 대학교에 입학하면 _____. (　)

A-(으)ㄴ가요? V-나요?

1 쓰세요.
Write.

기본형 Base form	A-(으)ㄴ가요?
맵다	매운가요?
크다	
재미있다	
어떻다	

기본형 Base form	V-나요?
듣다	
열다	
오다	
좋아하다	

기본형 Base form	N인가요?
모델이다	
의사이다	

기본형 Base form	A/V-았/었나요?
앉다	
찍다	
깨끗하다	
누르다	

기본형 Base form	V-(으)ㄹ 건가요?
적다	
만들다	
붙이다	
청소하다	

2 보기 와 같이 대화를 완성하세요.
Complete the conversations following the example.

> 보기 가 술을 자주 <u>마시나요</u>?
> 나 네, 자주 <u>마셔요</u>.

| ~~마시다~~ | 만들다 | 귀엽다 | 재미있다 | 어울리다 |

(1) 가 이 구두가 저한테 _____?
    나 네, _____.

(2) 가 유민 씨의 고양이가 _____?
    나 네, _____.

(3) 가 어제 본 드라마가 _____?
    나 네, _____.

(4) 가 내일 은행에 가서 통장을 _____?
    나 네, _____.

3 보기 와 같이 대화를 완성하세요.
Complete the conversations following the example.

> 보기 가 이게 첸 씨의 장갑인가요?
> 나 아니요, 이건 첸 씨의 장갑이 아니에요.

(1) 가 _____?
    나 네, 제 동생은 치과 의사예요.

(2) 가 _____?
    나 아니요, 이 라면은 맛없어요.

(3) 가 _____?
    나 어제 날씨가 추웠어요.

(4) 가 _____?
    나 주말에는 집에서 청소를 하고 영화를 볼 거예요.

4-2 미술관이 시청역 근처에 있다고 했어요

I heard that the art museum is near City Hall station

A -다고 하다   V -ㄴ/는다고 하다

1 알맞은 것을 연결하고 보기 와 같이 쓰세요.
Connect the phrases that match, then write sentences following the example.

카린 "김밥이 맛있어요."
(1) 엠마 "은행에 사람이 많아요."
(2) 빈 "택시를 자주 타요."
(3) 레나 "내일은 바쁘지 않아요."
(4) 첸 "주말에는 공부하지 않아요."

• 다고 하다
• ㄴ/는다고 하다

보기 카린이 김밥이 맛있다고 했어요.

(1) _____.

(2) _____.

(3) _____.

(4) _____.

2 보기 와 같이 대화를 완성하세요.
Complete the conversations following the example.

> 보기 마크 "매일 아침에 운동을 해요."
>
> 가 마크 씨가 뭐라고 했어요?
>
> 나 마크 씨가 매일 아침에 운동을 한다고 했어요.

(1) 첸 "하늘이 정말 파래요."

   가 첸 씨가 뭐라고 했어요?

   나 _____.

(2) 파티마 "큰 가방을 자주 들어요."

   가 파티마 씨가 뭐라고 했어요?

   나 _____.

(3) 올가 "친구에게 편지를 자주 써요."

   가 올가 씨가 뭐라고 했어요?

   나 _____.

(4) 선생님 "우체국은 6시에 문을 닫아요."

   가 선생님께서 뭐라고 하셨어요?

   나 _____.

A/V-았/었다고 하다 V-(으)ㄹ 거라고 하다 N(이)라고 하다

1 보기 와 같이 문장을 쓰세요.
Write out the sentences following the example.

> 보기 카린 "아침을 안 먹었어요."
> → 카린이 아침을 안 먹었다고 했어요.

(1) 엠마 "뮤지컬 표가 매진됐어요."
   → _____.

(2) 첸 "점심에 중국 음식을 먹을 거예요."
   → _____.

(3) 레나 "집에 가기 전에 마트에 들를 거예요."
   → _____.

(4) 마크 "이 사람이 제 여자 친구예요."
   → _____.

2 보기 와 같이 대화를 완성하세요.
Complete the conversations following the example.

> 보기
> 가 제 고향은 시드니예요.
> 나 네? 뭐라고 했어요?
> 가 <u>제 고향은 시드니라고 했어요</u>.

(1) 가 어제 외국인 등록증을 잃어버렸어요.
    나 네? 뭐라고 했어요?
    가 _____.

(2) 가 내일은 날씨가 맑을 거예요.
    나 네? 뭐라고 했어요?
    가 _____.

(3) 가 내일 통장을 만들러 갈 거예요.
    나 네? 뭐라고 했어요?
    가 _____.

(4) 가 이번 주는 백화점 세일 기간이에요.
    나 네? 뭐라고 했어요?
    가 _____.

4-3 한 단계 오르기
Step Up!

V-(으)면 안 되다

1 그림을 보고 보기 와 같이 대화를 완성하세요.
Look at the pictures and complete the conversations following the example.

보기
가 배가 고파서 빵을 먹으면서 수업을 듣고 싶어요.
나 수업 시간에는 <u>음식을 먹으면 안 돼요</u>.

(1)
가 한강에서 수영을 해 보고 싶어요.
나 한강에서는 _____.

(2)
가 아이스크림을 너무 먹고 싶어요.
나 감기에 걸리셨으니까 _____.

(3)
가 여기는 도서관이니까 옆 사람과 _____.
나 죄송합니다.

2 보기 와 같이 문장을 완성하세요.
Complete the sentences following the example.

보기 면접을 보러 갈 때에는 청바지를 <u>입으면 안 돼요</u>.

| 입다 | 촬영하다 | 늦다 | 만지다 | 빌려주다 |

(1) 여권이나 외국인 등록증을 친구에게 _____ .

(2) 미술관을 관람할 때에는 작품을 손으로 _____ .

(3) 공연장 안에서는 공연을 _____ ㄴ/는다고 했어요.

(4) 약속 시간에 _____ (으)니까 빨리 출발합시다.

A/V-네요

1 그림을 보고 보기 와 같이 문장을 완성하세요.
Look at the pictures and complete the sentences following the example.

보기: 옆 집이 <u>시끄럽네요</u>.

(1)  경치가 _____.

(2)  머리가 _____.

(3)  학생들이 열심히 _____.

2 보기 와 같이 대화를 완성하세요.
Complete the conversations following the example.

보기:
가 제가 만든 빵이에요. 드셔 보세요.
나 와, 정말 <u>맛있네요</u>. (맛있다)

(1) 가 이 노래를 들어 보세요. 제가 제일 좋아하는 노래예요.
나 가수의 목소리가 _____. (좋다)

(2) 가 이건 작년에 가족들과 제주도에 가서 찍은 사진이에요.
나 이분이 어머니세요? 어머니께서 _____. (키가 크다)

(3) 가 어제 친구와 맥주를 10병 마셨어요.
나 술을 많이 _____. (마시다)

(4) 가 카린 씨의 생일이 언제예요?
나 잠깐만요. 지금 확인해 볼게요. _____. (오늘이다)

자기 평가 Self-Evaluation

[1-2] 알맞은 것을 고르세요.
Choose the correct answers.

1. (　　)　가 전시회에서 사진 촬영이 ___ⓐ___ ?
   　　　　나 네, 하지만 휴대폰 소리는 무음으로 ___ⓑ___ .

	ⓐ	ⓑ		ⓐ	ⓑ
①	떠드나요	바꿔 주세요	②	떠드나요	버려 주세요
③	가능한가요	버려 주세요	④	가능한가요	바꿔 주세요

2. (　　)　가 여기에 영문 이름을 ___ⓐ___ ?
   　　　　나 네, 성함 아래에 주소와 우편 번호도 ___ⓑ___ 써 주세요.

	ⓐ	ⓑ		ⓐ	ⓑ
①	적어야 되나요	다	②	붙여야 되나요	다
③	붙여야 되나요	종종	④	적어야 되나요	종종

[3-4] 다음은 무엇에 대한 이야기입니까? 알맞은 것을 고르세요.
What are the following about? Choose the correct answers.

3. (　　)　지난주에 외국인 등록증을 만들러 출입국 · 외국인청에 갔어요.
   　　　　① 예매　　② 서명　　③ 방문　　④ 추천

4. (　　)　통장이나 체크 카드가 있으면 ATM에서 돈을 찾거나 보낼 수 있습니다.
   　　　　① 반납　　② 포장　　③ 구입　　④ 이용

[5-6] 밑줄 친 부분과 바꿔 사용할 수 있는 것을 고르세요.
Choose the answers that can be used in place of the underlined words.

5. (　　)　미술관에 갔는데 사람이 너무 많아서 줄을 서서 <u>들어갔어요</u>.
   　　　　① 신청했어요　　② 입장했어요　　③ 관람했어요　　④ 연장했어요

6. (　　)　병원에 갈 때 예약을 안 하고 가면 <u>많이</u> 기다려야 해요.
   　　　　① 곧　　② 미리　　③ 바로　　④ 오래

[7] (　)에 공통으로 들어갈 단어를 고르세요.
Choose the word that can be used to fill in all the blanks.

7. (　)
- 계산하실 물건을 여기에 (　　).
- 주말에 전시회에 가서 찍은 사진을 SNS에 (　　).
- 열심히 공부해서 지난 시험보다 성적을 (　　).

① 바꾸다　② 들르다　③ 올리다　④ 정리하다

[8-10] 알맞은 것을 고르세요.
Choose the correct answers.

8. (　)
가 주말에 뮤지컬을 봤는데 공연을 3시간쯤 했어요.
나 그래요? 공연이 정말 _____.

① 길었네요　　　　② 재미있네요
③ 매진이네요　　　④ 3시간쯤 하네요

9. (　)
가 우체국에 전화해서 물어봤어요?
나 네, 오늘 _____ 5시까지 와야 한다고 했어요.

① 편지 봉투를 사면　　② 소포를 보내려면
③ 배편으로 보내고 싶어서　④ 우표를 구입하려고 했는데

10. (　)
가 제가 한국 통장이 없어서 친구의 통장을 받았어요.
나 네? 다른 사람의 통장이나 카드를 _____.

① 사용해 주세요　　② 빌려줘야 돼요
③ 사용하면 안 돼요　④ 빌려준다고 했어요

[11-13] 틀린 부분을 찾아 맞게 고쳐 쓰세요.
Find the errors and write out the correct sentences.

11. 수업 시간에 안 졸면 일찍 잠을 자야 해요.

→ _____

12. 레나는 아버지보다 어머니를 더 닮는다고 했어요.

→ _____

13. 빈은 요즘 한국 간식을 고향 친구들에게 자주 보내다고 했어요.

→ _____

CHAPTER

05 한국 음식과 명절

5-1 이 식당은 맛있을 거예요

문법 및 표현 A/V-거든요
A/V-(으)ㄹ까요?
A/V-(으)ㄹ 거예요

5-2 저는 설날에 떡국을 맛있게 먹었어요

문법 및 표현 A-게
V-(으)ㄴ 적이 있다/없다

5-3 한 단계 오르기

문법 늘리기 (제가) V-(으)ㄹ까요?
V-기(가) A

자기 평가

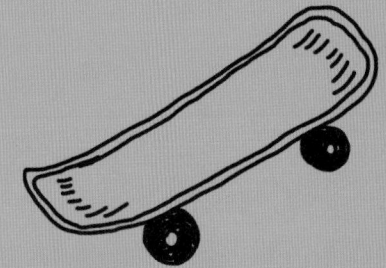

5-1 이 식당은 맛있을 거예요
This restaurant will be good

A/V-거든요

1 보기 와 같이 대화를 완성하세요.
Complete the conversations following the example.

> 보기
> 가 내일 뭐 할 거예요?
> 나 친구를 만날 거예요. <u>약속이 있거든요</u>. (약속이 있다)

(1) 가 마크 씨도 파티에 와요?
　　나 마크 씨는 아마 못 올 거예요. ＿＿＿＿＿＿＿＿＿＿＿＿＿＿＿. (아르바이트가 있다)

(2) 가 주말에 시간이 있으면 같이 영화를 볼까요?
　　나 미안해요. 청소를 해야 돼요. ＿＿＿＿＿＿＿＿＿＿＿＿＿＿＿. (주말에 손님이 오다)

(3) 가 다음 학기에도 한국에 있을 거예요?
　　나 네, 한국에 있을 거예요. ＿＿＿＿＿＿＿＿＿＿＿＿＿＿＿. (한국어를 더 공부하고 싶다)

(4) 가 어디에 가요?
　　나 병원에 가요. ＿＿＿＿＿＿＿＿＿＿＿＿＿＿＿. (감기에 걸리다)

2 보기와 같이 대화를 완성하세요.
Complete the conversations following the example.

> 보기
> 가 오늘 저는 저녁을 안 먹을 거예요.
> 나 왜요?
> 가 점심을 많이 먹어서 <u>배가 부르거든요</u>.

~~배가 부르다~~   보고 싶다   맛있다   안 맞다   나오다

(1) 가 냉면에 식초를 조금 넣어 보세요.
　　나 왜 식초를 넣어요?
　　가 식초를 넣어서 먹으면 더 ＿＿＿＿＿＿＿＿.

(2) 가 이번 방학에 고향에 가려고 해요.
　　나 왜 고향에 가려고 해요?
　　가 가족들이 너무 ＿＿＿＿＿＿＿＿.

(3) 가 이 옷을 교환할 거예요.
　　나 왜요?
　　가 선물을 받았는데 사이즈가 ＿＿＿＿＿＿＿＿.

(4) 가 금요일 저녁에는 드라마를 봐야 돼요.
　　나 왜요?
　　가 제가 좋아하는 배우가 ＿＿＿＿＿＿＿＿.

A/V-(으)ㄹ까요?, A/V-(으)ㄹ 거예요

1 보기 와 같이 문장을 만드세요.
Make the sentences following the example.

> 보기 이 케이크 / 맛있다 → 이 케이크가 맛있을까요?

(1) 이 가방 / 비싸다 → _____?

(2) 내일 / 비 / 오다 → _____?

(3) 다음 주 / 시험 / 어렵다 → _____?

(4) 어제 / 엠마 / 고향에 가다 → _____?

2 보기 와 같이 대화를 완성하세요.
Complete the conversations following the example.

> 보기 가 지금 도서관에 사람이 <u>많을까요</u>?
> 나 요즘 시험 기간이어서 사람이 많을 거예요.

(1) 가 외국인들이 삼겹살을 _____?
    나 네, 아마 좋아할 거예요.

(2) 가 첸 씨가 지갑을 _____?
    나 조금 전에도 지갑이 없다고 했어요. 아마 못 찾았을 거예요.

(3) 가 소금을 더 넣으면 좀 짤까요?
    나 더 넣으면 _____. 그냥 드세요.

(4) 가 카린 씨가 명동에 도착했을까요?
    나 네, 1시간 전에 출발했으니까 _____.

3 알맞은 것을 고르세요.
Choose the correct answers

(1) 가 할머니께서 이 모자를 좋아하실까요?

나 아마 (좋아하실 거예요 / 좋아합시다).

(2) 가 카린 씨, 우리 이따가 어디에서 만날까요?

나 신촌에서 모임이 있으니까 신촌에서 (만날 거예요 / 만납시다).

(3) 가 내일 마크 씨의 생일인데 무슨 선물을 살까요?

나 마크 씨가 운동화를 좋아하니까 운동화를 (선물할 거예요 / 선물하세요).

(4) 가 이 옷이 첸 씨한테 어울릴까요?

나 첸 씨는 파란색 옷을 자주 입으니까 (어울릴 거예요 / 어울리세요).

5-2 저는 설날에 떡국을 맛있게 먹었어요

I enjoyed Tteokguk on Seollal

A-게

1 보기 와 같이 문장을 만드세요.
Make sentences following the example.

> 보기 동생이 귀엽다 인사해요
> → 동생이 귀엽게 인사해요.

(1) 떡국을 맛있다 먹었어요.
 → _____.

(2) 친구가 슬프다 울고 있어요.
 → _____.

(3) 가방을 너무 비싸다 파네요.
 → _____.

(4) 윷놀이를 재미있다 해 봅시다.
 → _____.

2 보기 와 같이 대화를 완성하세요.
Complete the conversations following the example.

> 보기
> 가 머리를 많이 잘랐네요.
> 나 네, 날씨가 더워서 머리를 <u>짧게</u> 잘랐어요.

| 짧다 | 따뜻하다 | 편하다 | 달다 | 간단하다 |

(1) 가 설탕을 좀 많이 넣었는데 괜찮아요?
　　나 네, 괜찮아요. 저는 좀 _____ 먹는 걸 좋아해요.

(2) 가 왜 청바지만 입어요?
　　나 매일 _____ 입을 수 있거든요.

(3) 가 점심에 뭐 먹을까요?
　　나 저녁에 모임이 있으니까 점심은 _____ 먹을까요?

(4) 가 감기에 걸려서 좀 춥네요.
　　나 옷을 _____ 입으세요.

3 보기 와 같이 문장을 완성하세요.
Complete the sentences following the example.

| 얇다 | 싸다 | 멋있다 | 맛있다 | 짧다 |

> 저는 오늘 오전에 명동에 갔어요. 날씨가 별로 춥지 않아서 옷을 보기 <u>얇게</u> 입고 나갔어요. 명동에 도착해서 먼저 미용실에 갔어요. 머리가 좀 길어서 머리를 (1) _____ 잘랐어요. 그리고 운동화를 사러 백화점에 갔어요. 오늘 운동화를 할인해서 아주 (2) _____ 샀어요. 기분이 좋았어요.
> 　오후에는 여자 친구와 약속이 있었어요. 저는 새 운동화를 신고 옷도 (3) _____ 입었어요. 우리는 신촌 카페에서 만나서 커피를 마시고 케이크도 (4) _____ 먹었어요. 그리고 같이 신촌 여기저기를 걸으면서 구경했어요. 정말 재미있는 하루였어요.

V-(으)ㄴ 적이 있다/없다

1 그림을 보고 [보기] 와 같이 문장을 쓰세요.
Make the sentences following the example.

[보기] → 저는 콘서트에 간 적이 있어요.

(1) → _____.

(2) → _____.

(3) → _____.

2 [보기] 와 같이 대화를 완성하세요.
Complete the conversations following the example.

[보기]
가 프랑스어를 <u>배운 적이 있어요</u>? (배우다)
나 네, 프랑스어를 <u>배운 적이 있어요</u>.

(1) 가 혼자 _____? (살다)
　　나 네, _____.

(2) 가 지갑을 _____? (잃어버리다)
　　나 네, _____.

(3) 가 유명한 사람을 _____? (만나다)
　　나 아니요, _____.

(4) 가 세뱃돈을 _____? (받다)

　　나 아니요, _____.

3 보기 와 같이 문장을 완성하세요.
Complete the sentences following the example.

| ~~등산하다~~ | 입다 | 운전하다 | 타다 | 가다 | 만들다 |

저는 한국에서 특별한 일을 많이 해 봤어요. 먼저 한국에서 [보기] 등산을 해 본 적이 있어요. 제주도에 있는 한라산을 등산했는데 산이 아주 멋있었어요. 또 한복을 (1) _____. 북촌 한옥마을에 가서 한복을 입고 한옥을 구경했어요. 그리고 저는 한국에서 기차를 (2) _____. 부산에 갈 때 탔는데 경치를 보면서 갈 수 있어서 좋았어요.

　앞으로 한국에서 하고 싶은 것도 많아요. 저는 K-POP 콘서트에 (3) _____. 그래서 한국에서 콘서트에 꼭 가 보고 싶어요. 또 저는 한국 음식을 (4) _____. 요리를 배우면 친구에게 맛있는 음식을 만들어 주고 싶어요. 그리고 저는 한국에서 (5) _____. 드라이브하면서 한강의 경치를 보고 싶어요.

5-3 한 단계 오르기
Step Up!

(제가) V-(으)ㄹ까요?

1 보기 와 같이 대화를 완성하세요.
Complete the conversations following the example.

> 보기
> 가 제가 <u>설거지를 할까요</u>? (설거지를 하다)
> 나 그럼, 저는 식사 준비를 할게요.

(1) 가 오늘 제가 _____? (점심을 사다)
    나 그럼, 제가 커피를 살게요.

(2) 가 공원에 갈 때 제가 _____? (과자를 가지고 가다)
    나 그럼, 제가 김밥을 가지고 갈게요.

(3) 가 제가 _____? (호텔을 예매하다)
    나 그럼, 제가 제주도 비행기 표를 예매할게요.

(4) 가 제가 _____? (삼겹살을 굽다)
    나 그럼, 제가 찌개를 끓일게요.

2 보기 와 같이 대화를 완성하세요.
Complete the conversations following the example.

> 보기
> 가 오늘 배운 문법이 너무 어려워요.
> 나 문법이 어려우면 <u>제가 가르쳐 줄까요</u>?
> 가 네, 가르쳐 주세요.

(1) 가 방이 좀 더워요.
    나 그래요? 더우면 제가 창문을 _____?
    가 네, 열어 주세요.

(2) 가 온라인으로 공연을 예매해 본 적이 없어요.
    나 그래요? 제가 _____?
    가 네, 도와주세요.

(3) 가 가방이 너무 무거워요.
    나 제가 좀 _____?
    가 네, 들어 주세요.

V-기(가) A

1 보기 와 같이 문장을 만드세요.
Write sentences following the example.

> 보기 이 카페 / 조용하다 / 공부하다 / 좋다 → 이 카페는 조용해서 공부하기가 좋아요.

(1) 저 운동화 / 가볍다 / 신다 / 편하다 → _____.

(2) 제 이메일 주소 / 간단하다 / 외우다 / 쉽다 → _____.

(3) 이 태블릿 PC / 펜이 있다 / 숙제하다 / 좋다 → _____.

2 보기 와 같이 대화를 완성하세요.
Complete the conversations following the example.

> 보기 가 이 책상이 어때요?
> 나 책상이 작아서 <u>공부하기 불편해요</u>. (공부하다 / 불편하다)

(1) 가 이 중에서 뭘 살 거예요?
    나 다 예뻐서 하나만 _____. (고르다 / 어렵다)

(2) 가 그 책 다 읽었어요?
    나 아니요, 모르는 단어가 많아서 _____. (읽다 / 힘들다)

(3) 가 이렇게 큰 과자는 처음 봤어요.
    나 이 과자는 너무 커서 _____. (먹다 / 불편하다)

자기 평가 Self-Evaluation

[1-2] 알맞은 것을 고르세요.
Choose the correct answers.

1. (   )   가 한국에서는 설날 아침에 무엇을 해요?
           나 어른들께 ___ⓐ___ 가족들과 같이 ___ⓑ___ 을 맛있게 먹어요.

	ⓐ	ⓑ		ⓐ	ⓑ
①	세배하고	송편	②	세배하고	떡국
③	모으고	송편	④	모으고	떡국

2. (   )   가 저는 ___ⓐ___ 음식을 별로 안 좋아해요.
           나 저도 ___ⓑ___ 음식을 좋아해서 요리할 때 소금을 적게 넣어요.

	ⓐ	ⓑ		ⓐ	ⓑ
①	신	싱거운	②	신	단
③	짠	단	④	짠	싱거운

[3-4] 밑줄 친 부분과 바꿔 사용할 수 있는 것을 고르세요.
Choose the answers that can be used in place of the underlined words.

3. (   )   어제 잠을 못 자서 수업 시간에 계속 <u>잠이 와요</u>.

   ① 숙여요   ② 졸리다   ③ 화가 나요   ④ 낮잠을 자요

4. (   )   앱으로 <u>주문한</u> 음식이 20분 만에 집에 도착했습니다.

   ① 키운   ② 기다린   ③ 소원을 빈   ④ 배달을 시킨

[5-7] 알맞은 것을 골라서 쓰세요.
Choose and write out the correct answers.

방금	아마	이제	깜짝

5. 자고 있는데 갑자기 큰 소리가 나서 (   ) 놀랐어요.

6. 가 많이 기다렸는데 언제 출발해요?
   나 저기 카린 씨가 오네요. (   ) 출발합시다.

7. 가 제 아이가 12살인데 팬클럽에 가입할 수 있어요?
   나 글쎄요. 12살은 (   ) 안 될 거예요.

[8] ( )에 공통으로 들어갈 단어를 고르세요.
Choose the word that can be used to fill in all the blanks.

8. ( )

> 세배할 때 먼저 두 손을 앞으로 ( ).
> 3개월 동안 돈을 ( ) 새 휴대폰을 샀어요.
> 저는 컵을 ( )는 것을 좋아해서 집에 예쁜 컵이 많이 있어요.

① 모으다　② 만지다　③ 비비다　④ 느끼다

[9-10] 알맞은 것을 고르세요.
Choose the correct answers.

9. ( )　어제 저녁에는 김치찌개를 ＿＿＿＿＿＿ 맛있게 먹었어요.

① 구워서　② 볶아서　③ 끓여서　④ 튀겨서

10. ( )　카린이 처음 한국에 왔을 때 가족도 없고 아는 사람이 한명도 없어서 정말 ＿＿＿＿＿＿ 했어요.

① 밝았다고　② 귀여웠다고　③ 외로웠다고　④ 지루했다고

[11-12] 알맞은 것을 고르세요.
Choose the correct answers.

11. ( )
가 제가 송편 만드는 것을 도와줄까요?
나 ＿＿＿＿＿＿＿＿＿＿＿＿ .

① 네, 좀 도와주세요　② 예쁘게 만들었어요
③ 네, 만든 적이 있어요　④ 만들기가 쉬웠어요

12. ( )
가 이 식당의 돈가스가 맛있을까요?
나 손님이 많으니까 ＿＿＿＿＿＿＿＿＿＿

① 맛있네요.　② 맛있나요?
③ 맛있거든요.　④ 맛있을 거예요.

[13-14] 틀린 부분을 찾아 맞게 고쳐 쓰세요.
Find the errors and write out the correct sentences.

13. 이번 시험을 못 봤어요. 외운 단어를 잊어버리거든요.

➔ ＿＿＿＿＿＿＿＿＿＿＿＿＿＿＿＿＿＿＿＿

14. 이 카메라는 사진을 찍기가 좋아해요.

➔ ＿＿＿＿＿＿＿＿＿＿＿＿＿＿＿＿＿＿＿＿

CHAPTER

06

학교생활

6-1 등록금을 사무실에 내도 돼요?
문법 및 표현 V-아/어도 되다
A-(으)ㄴ데요 V-는데요

6-2 한국어 문법이 조금 어려워졌어요
문법 및 표현 A-아/어지다
A/V - 냐고 하다

6-3 한 단계 오르기
문법 늘리기 N에 대해(서)
V-겠-
자기 평가

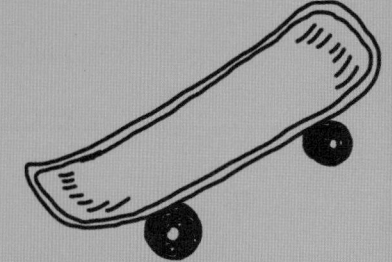

6-1 등록금을 사무실에 내도 돼요?

Can I pay my tuition fee in the office?

V-아/어도 되다

1 보기 와 같이 문장을 완성하세요.
Complete the sentences following the example.

> 보기 쉬는 시간에는 휴대폰을 <u>봐도 돼요</u>. (보다)

(1) 시험이 끝나면 집에 _____. (가다)

(2) 여기에서 사진을 _____. (찍다)

(3) 오늘 숙제를 안 가지고 온 사람은 내일 _____. (내다)

(4) 수업 시간에 태블릿 PC를 _____. (사용하다)

2 보기 와 같이 대화를 완성하세요.
Complete the conversations following the example.

> 보기 가 선생님, 시험 볼 때 연필로 <u>써도 돼요</u>?
> 나 그럼요, 괜찮아요.

(1) 가 빵이 맛있어 보여요. 이 빵을 _____?
    나 그럼요, 많이 드세요.

(2) 가 도서관에서 음료수를 _____?
    나 네, 마셔도 돼요.

(3) 가 레나 씨, 오늘 저녁에 레나 씨한테 _____?
    나 네, 몇 시쯤 전화할 거예요?

(4) 가 선생님, 모르는 문법이 있는데 수업 후에 _____?

　　나 네, 물어보세요.

3 보기 와 같이 대화를 완성하세요.
Complete the conversations following the example.

> 보기
> 가 여기에서 담배를 <u>피워도 돼요</u>? (피우다)
> 나 아니요, 여기에서 담배를 <u>피우면 안 돼요</u>.

(1) 가 집 안에 들어갈 때 신발을 _____? (신다)

　　나 아니요, 한국에서는 집 안에서 신발을 _____.

(2) 가 사무실에서 서류를 _____? (복사하다)

　　나 아니요, 사무실에서 서류를 _____.

(3) 가 이 집에서 강아지를 _____? (키우다)

　　나 아니요, 여기에서 _____.

(4) 가 신청서를 이메일로 _____? (보내다)

　　나 아니요, 신청서를 이메일로 _____.

A-(으)ㄴ데요   V-는데요

1 보기 와 같이 대화를 완성하세요.
Complete the conversations following the example.

> 보기
> 가: 교과서를 <u>사려고 하는데요</u>. 어디에서 팔아요?
> 나: 정문 근처에 서점이 있어요. 거기에서 사면 돼요.

| ~~사려고 하다~~ | 찾고 있다 | 못 듣다 |
| 입어 보고 싶다 | | 룸메이트이다 |

(1) 가: 이 바지를 한번 _____. 입어 봐도 되나요?
    나: 네, 입어 보셔도 됩니다.

(2) 가: 저기요, 한국어 책을 _____. 어디에 있나요?
    나: 저쪽에 있습니다.

(3) 가: 선생님, 시험 날짜를 _____. 다시 한 번 말씀해 주세요.
    나: 다음 주 20일부터 22일까지예요.

(4) 가: 빈 씨는 제 _____. 베트남에서 왔어요.
    나: 저도 빈 씨를 알아요. 재미있는 사람이라고 들었어요.

2 보기 와 같이 대화를 완성하세요.
Complete the conversations following the example.

> 보기
> 가 여보세요? 엠마 씨지요?
> 나 네, 제가 <u>엠마인데요</u>.

(1) 가 여보세요? 거기 국제언어교육원인가요?

　　나 네, _____.

(2) 가 이따가 시간이 있어요?

　　나 네, _____.

(3) 가 다음 학기 등록금을 냈어요?

　　나 아니요, 아직 _____.

(4) 가 이 식당 음식은 너무 맵네요. 올가 씨는 어때요?

　　나 글쎄요. 저는 별로 _____.

6-2 한국어 문법이 조금 어려워졌어요
Korean grammar has gotten a little difficult

A-아/어지다

1 보기 와 같이 문장을 완성하세요.
Complete the sentences following the example.

> 보기 아침에는 기분이 안 좋았는데 지금은 <u>좋아졌어요</u>. (좋다)

(1) 미용실에서 머리를 했는데 머리 색깔이 예전보다 _____. (밝다)

(2) 가방에 물건을 많이 넣어서 _____. (무겁다)

(3) 술을 마셔서 얼굴이 _____. (빨갛다)

(4) 이제 우리 반 친구들과 _____. (친하다)

2 그림을 보고 보기 와 같이 대화를 완성하세요.
Look at the pictures and complete the conversations following the example.

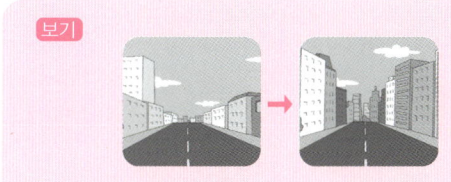

보기
가 이곳이 많이 달라졌지요?
나 네, 높은 건물이 <u>많아졌어요</u>.

(1)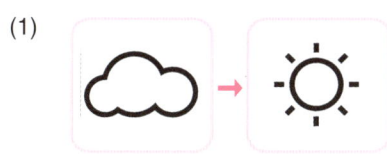
가 날씨가 좋네요.
나 네, 아침에는 흐렸는데 이제 _____.

(2)
가 학교 앞 카페는 지금도 커피값이 싸요?
나 아니요, _____.

(3)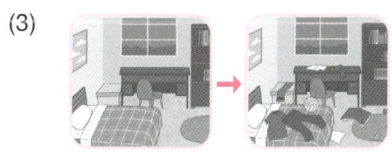
가 청소를 언제 했어요? 방이 아주 _____.
나 이주일 전에 했어요.

3 알맞은 것을 고르세요.
Choose the correct answers.

(1) 뜨거운 물로 빨래하면 옷이 (작아져요 / 작아졌어요).

(2) 컴퓨터로 오래 일을 해서 눈이 (나빠져요 / 나빠졌어요).

(3) 저는 보통 음악을 들으면 기분이 (좋아져요 / 좋아졌어요).

(4) 친한 친구들이 고향에 가서 이제 한국 생활이 (재미없어져요 / 재미없어졌어요).

A/V-냐고 하다

1 보기 와 같이 문장을 완성하세요.
Complete the sentences following the example.

> 보기 카린 "지금 뭐 해요?"
> → 카린이 지금 뭐 <u>하냐고 했어요</u>.

(1) 마크 "매일 도서관에 가요?"
→ 마크가 매일 도서관에 _____.

(2) 올가 "떡볶이가 많이 매워요?"
→ 올가가 떡볶이가 많이 _____.

(3) 빈 "점심에 뭘 먹을 거예요?"
→ 빈이 점심에 뭘 _____.

(4) 파티마 "저기가 컴퓨터실이에요?"
→ 파티마가 저기가 _____.

2 보기 와 같이 대화를 완성하세요.
Complete the conversations following the example.

> 보기 신입생 사무실이 어디예요?
> 파티마 네? 뭐라고 했어요?
> 신입생 <u>사무실이 어디냐고 했어요</u>.

(1) 마크   무슨 동아리에 가입할 거예요?
    카린   네? 뭐라고 했어요?
    마크   _____.

(2) 빈   비빔밥을 어떻게 만들어요?
    올가   네? 뭐라고 했어요?
    빈   _____.

(3) 선생님 첸 씨, 요즘 학교생활이 어때요?
    첸 네? 뭐라고 하셨어요?
    선생님 _____.

3 보기 와 같이 대화를 완성하세요.
Complete the conversations following the example.

보기
이 근처에 맛집이 있어요?
마크 카린 씨가 뭐라고 했어요?
서준 이 근처에 맛집이 있냐고 물어봤어요.

(1)
출입국·외국인청에 가 봤어요?
레나 파티마 씨가 뭐라고 했어요?
카린 _____.

(2)
마크 씨, 어디에서 디자인 수업을 들어요?
민아 올가 씨가 마크 씨에게 뭐라고 했어요?
레나 _____.

(3)
빈 씨, 첸 씨의 연락처를 알아요?
올가 선생님이 빈 씨에게 뭐라고 하셨어요?
마크 _____.

6-3 한 단계 오르기
Step Up!

N에 대해(서)

1 보기 와 같이 알맞은 것을 고르세요.
Choose the correct answers following the example.

> 보기 선생님께 한국어 공부 방법에 (**대해서** / 대한) 질문했어요.

(1) 저는 어제 한국 문화에 (대해서 / 대한) 책을 읽었어요.

(2) 마크는 그림과 디자인에 (대해서 / 대한) 잘 알아요.

(3) 부모님께서 제 유학 생활에 (대해서 / 대한) 자주 물어보십니다.

(4) 다음 학기 등록에 (대해서 / 대한) 질문이 있으면 사무실에 가세요.

2 그림을 보고 보기 와 같이 대화를 완성하세요.
Look at the pictures and complete the conversations following the example.

> 보기
> 가 친구랑 요즘 무슨 이야기를 자주 해요?
> 나 <u>아르바이트에 대해서</u> 자주 이야기해요.

| 아르바이트 | 약 | 가족 | 보충 수업 | 한국의 명절 |

(1) 수업: 2급 보충 수업
    요일: 화, 목
    시간: 2:30~4:20

가 카린 씨, 화요일과 목요일 오후에도 수업이 있어요.
나 알아요. 선생님께 _____ 안내 문자를 받았어요.

(2)

가 설날과 추석 날짜를 어떻게 알았어요?
나 수업 시간에 _____ 배웠거든요.

(3) 가 어제 무슨 영화를 봤어요?
나 _____ 영화를 봤어요.

(4) 가 이 _____ 설명해 주시겠어요?
나 이 약은 다쳤을 때 바르는 약인데 3시간마다 바르셔야 해요.

V-겠-

1 보기 와 같이 대화를 완성하세요.
Complete the conversations following the example.

> 보기 선생님 아직 수업이 안 끝났으니까 조용히 하세요.
> 학 생 네, 죄송합니다. <u>조용히 하겠습니다</u>.

(1) 선생님 마크 씨, 유학 생활 도우미 신청서를 아직 안 냈지요?
   마 크 네, 수업 후에 _____.

(2) 사장님 내일까지 이메일을 보내세요.
   직 원 네, 알겠습니다. 내일까지 _____.

(3) 사장님 파티마 씨가 늦네요. 한번 연락해 보세요.
   직 원 네, 지금 _____.

2 보기 와 같이 대화를 완성하세요.
Complete the conversations following the example.

> 보기 가 사진 좀 찍어 주시겠습니까?
> 나 네, <u>찍어 드리겠습니다</u>.

(1) 가 여기 좀 닦아 주시겠습니까?
   나 네, _____.

(2) 가 이 옷을 포장해 주시겠습니까?
   나 네, _____.

(3) 가 예약 시간을 좀 바꿔 주시겠습니까?
   나 네, _____.

(4) 가 좀 도와주시겠습니까?
   나 네, _____.

자기 평가 Self-Evaluation

[1-2] 알맞은 것을 고르세요.
Choose the correct answers.

1. (   )   가 여보세요. 엠마 씨? 지금 ___ⓐ___ 가능해요?
          나 전화 잘못 ___ⓑ___ .

	ⓐ	ⓑ		ⓐ	ⓑ
①	전화	오셨어요	②	전화	받으셨어요
③	통화	거셨어요	④	통화	바꾸셨어요

2. (   )   가 신입생 여러분, 모르는 것이 있으면 2학년 ___ⓐ___ (이)나 저한테 물어보세요.
          나 질문이 있어요. 동아리에 어떻게 ___ⓑ___ ?

	ⓐ	ⓑ		ⓐ	ⓑ
①	선배	가입하나요	②	도우미	신청하나요
③	후배	출석하나요	④	고등학생	들어가나요

[3-4] 다음은 무엇에 대한 이야기입니까? 알맞은 것을 고르세요.
What are the following about? Choose the correct answers.

3. (   )   학교에서 한국어 수업을 듣고 싶어서 신청서를 낸 후에 돈을 냈습니다.
          ① 문의   ② 모임   ③ 발표   ④ 등록

4. (   )   통장을 만들려면 외국인 등록증이나 여권이 필요합니다.
          ① 서류   ② 신분증   ③ 출석률   ④ 안내문

[5-6] 밑줄 친 부분과 바꿔 사용할 수 있는 것을 고르세요.
Choose the answers that can be used in place of the underlined words.

5. (   )   아침에 늦게 일어나서 학교에 <u>늦게 갔어요</u>.
          ① 모였어요   ② 결석했어요   ③ 도착했어요   ④ 지각했어요

6. (   )   시험 점수가 너무 낮으면 3급으로 <u>올라갈</u> 수 없어요.
          ① 진급할   ② 유급할   ③ 선택할   ④ 유학을 올

[7] ( )에 공통으로 들어갈 단어를 고르세요.
Choose the word that can be used to fill in all the blanks.

7. ( )
쉬는 시간이 끝났으니까 빨리 전화를 ( ).
설날에 고향에 가고 싶어서 비행기 표를 ( ).
요즘은 건강 때문에 담배를 ( ) 사람이 많아요.

① 받다　　② 끊다　　③ 피우다　　④ 구입하다

[8-9] 알맞은 것을 고르세요.
Choose the correct answers.

8. ( ) 예전에는 요리를 못했는데 요즘 매일 하니까 요리 실력이 _____.

① 좋아졌어요　② 건강해졌어요　③ 익숙해졌어요　④ 재미있어졌어요

9. ( ) 요즘 고민이 _____. 제 이야기 좀 들어 줄 수 있어요?

① 없었는데요　② 생겼는데요　③ 이해했는데요　④ 따라했는데요

[10-11] 알맞은 것을 고르세요.
Choose the correct answers.

10. ( )
가 사무실에서 복사기를 _____?
나 아니요, 복사실에 가서 복사하세요.

① 사용해도 돼요　　　② 사용하시겠어요
③ 사용할 건가요　　　④ 사용하면 안 돼요

11. ( )
가 컴퓨터실에서 떠들지 마세요.
나 죄송합니다. _____.

① 떠들게요　　　　　② 안 떠들었는데요
③ 떠들지 않겠습니다　④ 언제 떠들었냐고 했습니다

[12-13] 틀린 부분을 찾아 맞게 고쳐 쓰세요.
Find the errors and write out the correct sentences.

12. 한국에 와서 예전보다 외국인 친구가 많아져요.

→ _____

13. 어머니께서 저한테 지금 살고 있는 집이 따뜻해냐고 물어보셨어요.

→ _____

부록 Appendix

정답 Answers

CHAPTER 1
첫날 The First Day

1-1 저는 마크라고 합니다 I'm Mark

N(이)라고 하다

1. (1) 첸이라고 해요.
   (2) 유민이라고 해요.
   (3) 엠마라고 해요.
   (4) 올가라고 해요.

2. (1) 젓가락이라고 해요.
   (2) 향수라고 해요.
   (3) 여권이라고 해요.
   (4) 충전기라고 해요.

'ㄹ' 탈락

1.

기본형 Base form	A/V-아/어요	A/V-습니다/ㅂ니다	A/V-(으)니까	A/V-(으)ㄹ 거예요
살다	살아요	삽니다	사니까	살 거예요
놀다	놀아요	놉니다	노니까	놀 거예요
열다	열어요	엽니다	여니까	열 거예요
만들다	만들어요	만듭니다	만드니까	만들 거예요
달다	달아요	답니다	다니까	달 거예요
힘들다	힘들어요	힘듭니다	힘드니까	힘들 거예요

2. (1) 달고
   (2) 연
   (3) 듭시다
   (4) 만들 거예요
   (5) 사는

3. (1) 아세요?
   (2) 놀려고 해요
   (3) 여니까
   (4) 만드는

1-2 이 사람은 제 룸메이트인데 한국 사람이에요
This person is my roommate. They're from Korea

N마다

1. (1) 10분마다 버스가 와요.
   (2) 겨울마다 스키장에 스키를 타러 가요.
   (3) 달마다 부모님께 돈을 받아요.
   (4) 해마다 제주도에 가족 여행을 가요.

2. (1) 사람마다
   (2) 신발마다
   (3) 방마다
   (4) 나라마다

A-(으)ㄴ데 V-는데①

1.

기본형 Base form	A-(으)ㄴ데	A-았/었는데
작다	작은데	작았는데
덥다	더운데	더웠는데
맛있다	맛있는데	맛있었는데
크다	큰데	컸는데
크지 않다	크지 않은데	크지 않았는데

기본형 Base form	V-는데	V-았/었는데
먹다	먹는데	먹었는데
듣다	듣는데	들었는데
만들다	만드는데	만들었는데
오다	오는데	왔는데
오지 않다	오지 않는데	오지 않았는데

기본형 Base form	N인데	N이었는데/였는데
동생이다	동생인데	동생이었는데
친구이다	친구인데	친구였는데

2. (1) 한복인데 한국의 전통 옷이에요.
   (2) 카린인데 일본에서 왔어요.
   (3) 한국대학교인데 미술 전공이 유명해요.

3. (1) 점심에 보통 김밥을 먹는데 비싸지 않고 맛있어요.
   (2) 룸메이트와 같이 사는데 좀 불편해요.
   (3) 일주일 전에 인터넷으로 가방을 샀는데 가방이 크고 가벼워요.
   (4) 어제 영화를 봤는데 영화가 길어서 힘들었어요.

1-3 한 단계 오르기 Step Up!

A-(으)ㄴ데 V-는데②

1. (1) 교실이 좀 더운데 에어컨을 켭시다.
   (2) 여기에서 좀 먼데 버스를 타고 갈까요?
   (3) 어제 제가 케이크를 만들었는데 한번 드셔 보세요.
   (4) 방학에 제주도에 가려고 하는데 거기에서 뭘 하면 좋아요?

2. (1) 무료인데
   (2) 먹고 싶은데
   (3) 타는데

N처럼

1. (1) 이 음식이 설탕처럼 달아요.
   (2) 날씨가 겨울처럼 추워요.
   (3) 형이 배우처럼 잘생겼어요.

2. (1) 제 고향은 한국처럼 더워요.
   (2) 룸메이트는 언니처럼 잘 도와줘요.
   (3) 교실은 도서관처럼 조용해요.

자기 평가

1. ③
2. ①
3. ④
4. ②
5. ③
6. ④
7. ③
8. ②
9. ①
10. ①
11. 저는 날마다 한국어를 공부해요. / 저는 매일 한국어를 공부해요.
12. 언니는 단 음식을 자주 먹어요.
13. 저는 슬픈 영화를 좋아하지 않는데 엠마 씨는 어때요?

CHAPTER 2

약속과 취미
Appointment and Hobbies

2-1 제가 지금 연락할게요 I'll contact you right now

A/V-기 때문에

1. (1) 파티마는 친절하기 때문에 반 친구들이 좋아합니다.
   (2) 다양한 물건을 팔기 때문에 마트에 자주 갑니다.
   (3) 다음 주에 시험이 있기 때문에 매일 늦게까지 공부합니다.
   (4) 어제 바빠서 청소를 못 했기 때문에 방이 더럽습니다.

2. (1) 다른 약속이 있기 때문에 바꿨어요.
   (2) 분위기가 좋기 때문에 그 카페에서 만났어요.
   (3) 요즘 아르바이트하기 때문에 못 갔어요.
   (4) 연락처를 모르기 때문에 못 보냈어요.

3. (1) 방학이기 때문에
  (2) 17살이기 때문에
  (3) 모르는 번호이기 때문에
  (4) 휴일이었기 때문에

4. (1) 할인이 되기 때문에
  (2) 연휴가 시작되기 때문에
  (3) 집에서 가깝기 때문에
  (4) 맛집이기 때문에

V-(으)ㄹ게요

1. (1) 집에 도착하면 연락할게요.
  (2) 말하기 시험 준비를 열심히 할게요.
  (3) 공연장 안에서는 사진을 찍지 않을게요. (사진을 안 찍을게요)
  (4) 여기에서 담배를 피우지 않을게요. (담배를 안 피울게요)

2. (1) 저는 설거지를 할게요.
  (2) 저는 부산의 맛집을 찾아볼게요.
  (3) 저는 생일 선물을 준비할게요.
  (4) 저는 떡볶이를 만들게요.

2-2 저는 시간이 있을 때 친구를 만나거나 쇼핑을 해요
When I have time, I meet a friend or go shopping

A/V-(으)ㄹ 때

1. (1) 피곤할 때 낮잠을 자요.
  (2) 시간이 있을 때 게임을 해요.
  (3) 친구가 보고 싶을 때 메시지를 보내요.
  (4) 배가 아플 때 따뜻한 차를 마셔요.

2. (1) 저는 심심할 때 SNS를 해요.
  (2) 저는 긴장될 때 영상을 봐요.
  (3) 저는 혼자 있을 때 그림을 그려요.
  (4) 저는 기분이 나쁠 때 맛있는 음식을 먹어요.

3. (1) 장학금을 받았을 때 기분이 좋았어요.
  (2) 친구와 여행을 갔을 때 재미있었어요.
  (3) 감기에 걸렸을 때 부모님이 보고 싶었어요.
  (4) 친구가 약속을 안 지켰을 때 기분이 나빴어요.

A/V-거나

1. (1) 친구를 만나면 같이 쇼핑을 하거나 같이 영화를 봐요.
  (2) 카페에 가면 커피를 마시거나 녹차를 마셔요.
  (3) 감기에 걸리면 약을 먹거나 병원에 가요.
  (4) 시간이 있으면 독서를 하거나 낮잠을 자요.

2. (1) 분위기가 좋거나 음식이 맛있는 식당에 갑시다.
  (2) 운동을 하거나 음악을 들을 때 기분이 좋아요.
  (3) 방학에 해외여행을 하거나 고향에 가고 싶어요.
  (4) 자기 전에 SNS에 사진을 올리거나 독서를 할 거예요.

3. (1) 지하철이나 버스를 타요.
  (2) 제주도나 부산으로 여행을 가고 싶어요.
  (3) 저녁이나 밤에 숙제를 해요.
  (4) 바지나 원피스를 자주 입어요.

2-3 한 단계 오르기 Step Up!

N 때문에

1. (1) 아르바이트 때문에 늦게 와요.
  (2) 회사 일 때문에 스트레스를 받아요.
  (3) 친구 때문에 화가 났어요.
  (4) 시험 준비 때문에 모임에 못 갔어요.

2. (1) 때문에 (2) 이기 때문에
  (3) 이기 때문에 (4) 때문에
  (5) 이기 때문에

N 중에(서)

1. (1) 한국 음식 중에서 비빔밥을 제일 자주 먹어요.
  (2) 술 중에서 막걸리를 제일 좋아해요.
  (3) 옷 중에서 원피스가 제일 많아요.
  (4) 가족 중에서 형이 제일 키가 커요.

2. (1) 신발 중에서 운동화를 자주 신어요.
   (2) 커피 중에서 아메리카노를 자주 마셔요.
   (3) 과일 중에서 딸기를 자주 사요.
   (4) 영화 중에서 코미디 영화를 자주 봐요.

자기 평가

1. ②
2. ②
3. ①
4. ④
5. ③
6. 잠깐
7. 거의
8. 오랜만
9. ③
10. ④
11. ①
12. 첸은 중국 사람이기 때문에 중국어를 잘해요.
13. 우리 반에서(우리 반 학생 중에서) 마크가 제일 키가 커요.
14. 저는 아침에 보통 빵이나 바나나를 먹고 학교에 와요.

CHAPTER 3

옷차림 Outfits

3-1 옷이 좀 커 보여요 Your clothes look a little big

V-(으)ㄴ N

1. (1) 보는   (2) 만든
   (3) 한   (4) 찍은
   (5) 하는, 받은

2. (1) 지금 어제 잃어버린 지갑을 찾고 있어요.
   (2) 오늘 또 지난달에 본 콘서트를 보러 갔다 왔어요.
   (3) 아까 만든 김밥을 좀 드셔 보세요.
   (4) 조금 전에 같이 들은 노래가 뭐예요?

3. (1) 함께 가지 못한   (2) 가지고 온
   (3) 먹은   (4) 들은
   (5) 춘

A-아/어 보이다

1. (1) 따뜻해 보여요.
   (2) 많아 보여요.
   (3) 시원해 보여요.
   (4) 좋아 보여요.

2. (1) 피곤해 보여요.
   (2) 친해 보여요.
   (3) 넓어 보여요.
   (4) 편해 보여요.

3-2 이 치마를 까만색으로 교환해 주세요
Please exchange this skirt for a black one

'ㅎ' 불규칙

1.

기본형 Base form	A/V-습니다/ ㅂ니다	A/V-아/어요	A-(으)ㄴ
까맣다	까맣습니다	까매요	까만
노랗다	노랗습니다	노래요	노란
파랗다	파랗습니다	파래요	파란
빨갛다	빨갛습니다	빨개요	빨간
하얗다	하얗습니다	하얘요	하얀
그렇다	그렇습니다	그래요	그런

2. (1) 파래요.   (2) 빨개요?
   (3) 까매요.   (4) 그래요?

V-아/어 주다

1. (1) 기다려 주세요. (2) 켜 주세요.
   (3) 말해 주세요. (4) 닫아 주세요.

2. (1) 써 줄게요. (2) 도와줄게요.
   (3) 바꿔 줄게요. (4) 빌려줄게요.

3. (1) 이야기해 드렸어요. (2) 선물해 드렸어요.
   (3) 만들어 주고 (4) 불러 줬어요.

4. (1) 가세요 (2) 도와주세요
   (3) 쉬세요 (4) 빌리세요
   (5) 가르쳐 주세요

3-3 한 단계 오르기 Step Up!

V-(으)ㄹ N

1. (1) 드릴 (2) 신을
   (3) 반납할

2. (1) 입을 (2) 교환할
   (3) 알려 준

V-아/어 주시겠어요?, V-아/어 드릴게요

1. (1) 들어 주시겠어요? / 들어 드릴게요.
   (2) 빌려 주시겠어요? / 빌려 드릴게요.
   (3) 찍어 주시겠어요? / 찍어 드릴게요.

2. (1) 눌러 주시겠어요? / 눌러 드릴게요.
   (2) 취소해 주시겠어요? / 취소해 드릴게요.
   (3) 추천해 주시겠어요? / 추천해 드릴게요.

자기 평가

1. ②
2. ③
3. ④
4. ①

5. 자리
6. 새로
7. 잘못
8. ①
9. ②
10. ④
11. ③
12. 오늘이 제 생일이어서 친구가 저한테 스웨터를 <u>사 줬어요</u>.
13. 카린한테 노란색이 잘 어울려요.
14. 여름에 <u>입을</u> 반바지를 사러 백화점에 갔다 왔어요.

CHAPTER 4

시설 이용
Utilizing Facilities

4-1 통장을 만들려면 뭐가 필요한가요?
What do I need to make a bank account?

V-(으)려면

1. (1) 교환하려면 (2) 놀려면
   (3) 읽으려면 (4) 보려면

2. (1) 두꺼운 옷을 사려면 백화점에 가세요.
   (2) 중국 돈을 한국 돈으로 바꾸려면 은행에 가세요.
   (3) 수업을 잘 들으려면 일찍 주무세요.
   (4) 택배를 받으려면 우체국에 전화해서 물어보세요.

3. (1) 돈을 모으려면 아르바이트를 해야 해요. (①)
   돈을 모으면 여행을 갈 거예요. (②)
   (2) 내년에 대학교에 입학하려면 시험을 잘 봐야 해요. (②)
   내년에 대학교에 입학하면 한국 친구를 사귈 거예요. (①)

A-(으)ㄴ가요? V-나요?

1.

기본형 Base form	A-(으)ㄴ 가요?	기본형 Base form	V-나요?
맵다	매운가요?	듣다	듣나요?
크다	큰가요?	열다	여나요?
재미있다	재미있나요?	오다	오나요?
어떻다	어떤가요?	좋아하다	좋아하나요?

기본형 Base form	N인가요?
모델이다	모델인가요?
의사이다	의사인가요?

기본형 Base form	A/V-았/ 었나요?	기본형 Base form	V-(으)ㄹ 건가요?
앉다	앉았나요?	적다	적을 건가요?
찍다	찍었나요?	만들다	만들 건가요?
깨끗하다	깨끗했나요?	붙이다	붙일 건가요?
누르다	눌렀나요?	청소하다	청소할 건가요?

2. (1) 어울리나요? / 어울려요.
(2) 귀여운가요? / 귀여워요.
(3) 재미있었나요? / 재미있었어요.
(4) 만들 건가요? / 만들 거예요.

3. (1) 동생이 (치과) 의사인가요?
(2) 그 라면이 맛있나요?
(3) 어제 날씨가 어땠나요?
(4) 주말에 뭘 할 건가요?

4-2 미술관이 시청역 근처에 있다고 했어요
I heard that the art museum is near City Hall station

A-다고 하다 V-ㄴ/는다고 하다

1. (1) 엠마가 은행에 사람이 많다고 했어요.
(2) 빈이 택시를 자주 탄다고 했어요.
(3) 레나가 내일은 바쁘지 않다고 했어요.
(4) 첸이 주말에는 공부하지 않는다고 했어요.

2. (1) 첸 씨가 하늘이 정말 파랗다고 했어요.
(2) 파티마 씨가 큰 가방을 자주 든다고 했어요.
(3) 올가 씨가 친구에게 편지를 자주 쓴다고 했어요.
(4) 선생님께서 우체국은 6시에 문을 닫는다고 하셨어요.

A/V-았/었다고 하다
V-(으)ㄹ 거라고 하다
N(이)라고 하다

1. (1) 엠마가 뮤지컬 표가 매진됐다고 했어요
(2) 첸이 점심에 중국 음식을 먹을 거라고 했어요.
(3) 레나가 집에 가기 전에 마트에 들를 거라고 했어요.
(4) 마크가 이 사람이 마크 씨의 여자 친구라고 했어요.

2. (1) 어제 외국인 등록증을 잃어버렸다고 했어요.
(2) 내일은 날씨가 맑을 거라고 했어요.
(3) 내일 통장을 만들러 갈 거라고 했어요.
(4) 이번 주는 백화점 세일 기간이라고 했어요.

4-3 한 단계 오르기 Step Up!

V-(으)면 안 되다

1. (1) 수영을 하면 안 돼요.
(2) 아이스크림을 드시면 안 돼요.
(3) 떠들면 안 돼요.

2. (1) 빌려주면 안 돼요.
(2) 만지면 안 돼요.
(3) 촬영하면 안 된다고
(4) 늦으면 안 되니까

A/V-네요

1. (1) 아름답네요.
   (2) 기네요.
   (3) 공부하네요.

2. (1) 좋네요.
   (2) 키가 크시네요.
   (3) 마셨네요.
   (4) 오늘이네요.

자기 평가

1. ④
2. ①
3. ③
4. ④
5. ②
6. ④
7. ③
8. ①
9. ②
10. ③
11. 수업 시간에 안 졸리면 일찍 잠을 자야 해요.
12. 레나는 아버지보다 어머니를 더 닮았다고 했어요.
13. 빈은 요즘 한국 간식을 고향 친구들에게 자주 보낸다고 했어요.

CHAPTER 5

한국 음식과 명절
Korean Food and Holidays

5-1 이 식당은 맛있을 거예요
This restaurant will be good

A/V-거든요

1. (1) 아르바이트가 있거든요.
   (2) 주말에 손님이 오거든요.
   (3) 한국어를 더 공부하고 싶거든요.
   (4) 감기에 걸렸거든요.

2. (1) 맛있거든요.
   (2) 보고 싶거든요.
   (3) 안 맞거든요.
   (4) 나오거든요.

A/V-(으)ㄹ까요?, A/V-(으)ㄹ 거예요

1. (1) 이 가방이 비쌀까요?
   (2) 내일 비가 올까요?
   (3) 다음 주 시험이 어려울까요?
   (4) 어제 엠마가 고향에 갔을까요?

2. (1) 좋아할까요?
   (2) 찾았을까요?
   (3) 짤 거예요.
   (4) 도착했을 거예요.

3. (1) 좋아하실 거예요
   (2) 만납시다
   (3) 선물하세요
   (4) 어울릴 거예요

5-2 저는 설날에 떡국을 맛있게 먹었어요
I enjoyed Tteokguk on Seollal

A-게

1. (1) 떡국을 맛있게 먹었어요.
   (2) 친구가 슬프게 울고 있어요.
   (3) 가방을 너무 비싸게 파네요.
   (4) 윷놀이를 재미있게 해 봅시다.

2. (1) 달게   (2) 편하게
   (3) 간단하게   (4) 따뜻하게

3. (1) 짧게   (2) 싸게
   (3) 멋있게   (4) 맛있게

V-(으)ㄴ 적이 있다/없다

1. (1) 저는 스케이트를 탄 적이 있어요.
   (2) 저는 옷을 만든 적이 있어요.
   (3) 저는 피아노를 배운 적이 있어요.

2. (1) 산 적이 있어요? / 혼자 산 적이 있어요.
   (2) 잃어버린 적이 있어요? / 지갑을 잃어버린 적이 있어요.
   (3) 만난 적이 있어요? / 유명한 사람을 만난 적이 없어요.
   (4) 받은 적이 있어요? / 세뱃돈을 받은 적이 없어요.

3. (1) 입어 본 적이 있어요.
   (2) 타 본 적이 있어요.
   (3) 가 본 적이 없어요.
   (4) 만들어 본 적이 없어요.
   (5) 운전해 본 적이 없어요.

5-3 한 단계 오르기 Step Up!

(제가) V-(으)ㄹ까요?

1. (1) 점심을 살까요?
   (2) 과자를 가지고 갈까요?
   (3) 호텔을 예매할까요?
   (4) 삼겹살을 구울까요?

2. (1) 열어 줄까요?
   (2) 도와줄까요?
   (3) 들어 줄까요?

V-기(가) A

1. (1) 저 운동화는 가벼워서 신기가 편해요.
   (2) 제 이메일 주소는 간단해서 외우기가 쉬워요.
   (3) 이 태블릿 PC는 펜이 있어서 숙제하기가 좋아요.

2. (1) 고르기가 어려워요.
   (2) 읽기가 힘들어요.
   (3) 먹기가 불편해요.

자기 평가

1. ②
2. ④
3. ②
4. ④
5. 깜짝
6. 이제
7. 아마
8. ①
9. ③
10. ③
11. ①
12. ④
13. 이번 시험을 못 봤어요. 외운 단어를 <u>잊어버렸거든요</u>.
14. 이 카메라는 사진을 찍기가 <u>좋아요</u>.

CHAPTER 6
학교생활
School Life

6-1 등록금을 사무실에 내도 돼요?
Can I pay my tuition in the office?

V-아/어도 되다

1. (1) 가도 돼요.　(2) 찍어도 돼요.
   (3) 내도 돼요.　(4) 사용해도 돼요.

2. (1) 먹어도 돼요?　(2) 마셔도 돼요?
   (3) 전화해도 돼요?　(4) 물어봐도 돼요?

3. (1) 신어도 돼요? / 신으면 안 돼요.
   (2) 복사해도 돼요? / 복사하면 안 돼요.
   (3) 키워도 돼요? / 키우면 안 돼요.
   (4) 보내도 돼요? / 보내면 안 돼요.

A-(으)ㄴ데요 V-는데요

1. (1) 입어 보고 싶은데요.
   (2) 찾고 있는데요.
   (3) 못 들었는데요.
   (4) 룸메이트인데요.

2. (1) 국제언어교육원인데요.
   (2) 있는데요.
   (3) 안 냈는데요.
   (4) 안 매운데요.

6-2 한국어 문법이 조금 어려워졌어요
Korean grammar has gotten a little difficult

A-아/어지다

1. (1) 밝아졌어요.　(2) 무거워졌어요.
   (3) 빨개졌어요.　(4) 친해졌어요.

2. (1) 맑아졌어요.
   (2) 비싸졌어요.
   (3) 더러워졌어요.

3. (1) 작아져요　(2) 나빠졌어요
   (3) 좋아져요　(4) 재미없어졌어요

A/V-냐고 하다

1. (1) 가냐고 했어요.
   (2) 맵냐고 했어요.
   (3) 먹을 거냐고 했어요.
   (4) 컴퓨터실이냐고 했어요.

2. (1) 무슨 동아리에 가입할 거냐고 했어요.
   (2) 비빔밥을 어떻게 만드냐고 했어요.
   (3) 요즘 학교생활이 어떠냐고 했어요.

3. (1) 출입국·외국인청에 가 봤냐고 물어봤어요.
   (2) 어디에서 디자인 수업을 듣냐고 물어봤어요.
   (3) 첸 씨의 연락처를 아냐고 물어보셨어요.

6-3 한 단계 오르기 Step Up!

N에 대해(서)

1. (1) 대한　(2) 대해서
   (3) 대해서　(4) 대한

2. (1) 보충 수업에 대한
   (2) 한국의 명절에 대해서
   (3) 가족에 대한
   (4) 약에 대해서

V-겠-

1. (1) 내겠습니다.
   (2) 보내겠습니다.
   (3) 연락해 보겠습니다.

2. (1) 닦아 드리겠습니다.
(2) 포장해 드리겠습니다.
(3) 바꿔 드리겠습니다.
(4) 도와 드리겠습니다.

자기 평가

1. ③
2. ①
3. ④
4. ②
5. ④
6. ①
7. ②
8. ①
9. ②
10. ①
11. ③
12. 한국에 와서 예전보다 외국인 친구가 <u>많아졌어요.</u>
13. 어머니께서 저한테 지금 살고 있는 집이 <u>따뜻하냐고</u> 물어보셨어요.

MEMO

MEMO

Hi! KOREAN 2A
Workbook

지은이 강원경, 구민영, 김정아, 이경아, 이미지, 이선미
펴낸이 정규도
펴낸곳 (주)다락원

초판 1쇄 인쇄 2023년 10월 26일
초판 1쇄 발행 2023년 11월 3일

책임편집 이숙희, 손여람
디 자 인 김나경, 안성민
일러스트 윤병철
번   역 Jamie Lypka
이미지 출처 shutterstock, iclickart

🏢 **다락원** 경기도 파주시 문발로 211, 10881
내용 문의 : (02)736-2031 내선 420~426
구입 문의 : (02)736-2031 내선 250~252
Fax : (02)732-2037
출판등록 1977년 9월 16일 제406-2008-000007호

Copyright © 2023, 강원경, 구민영, 김정아, 이경아, 이미지, 이선미

저자 및 출판사의 허락 없이 이 책의 일부 또는 전부를 무단 복제·전재·발췌할 수 없습니다. 구입 후 철회는 회사 내규에 부합하는 경우에 가능하므로 구입 문의처에 문의하시기 바랍니다. 분실·파손 등에 따른 소비자 피해에 대해서는 공정거래위원회에서 고시한 소비자 분쟁 해결 기준에 따라 보상 가능합니다. 잘못된 책은 바꿔 드립니다.

ISBN   978-89-277-3319-5 14710
        978-89-277-3313-3 (SET)

http://www.darakwon.co.kr
http://koreanbooks.darakwon.co.kr

다락원 홈페이지를 방문하시면 상세한 출판 정보와 함께
MP3 자료 등 다양한 어학 정보를 얻으실 수 있습니다.